這本書有另一個名字：「百萬富翁的製造者」！

世界上最神奇的24堂課

全世界唯一一本，
因爲揭露「致富秘訣」而被查禁的書！

「吸引力法則之父」查爾斯·哈奈爾 CHARLES HAANEL——著　靜濤——譯

THE MASTER KEY SYSTEM

★★ 各界人士推薦 ★★

「成功學之父」
拿破崙·希爾
NAPOLEON HILL

「微軟帝國」創辦人
比爾·蓋茲
BILL GATES

「甲骨文公司」董事長
賴瑞·艾利森
LARRY ELLISON

「蘋果公司」創辦人
史蒂夫·賈伯斯
STEVEN JOBS

拿破崙・希爾的感謝信

親愛的哈奈爾先生：

也許您還記得我，《金規則》的編輯拿破崙・希爾。

首先，請允許我向您報告一個好消息，我剛剛被一家價值一千萬美元的公司雇用，每個月只需要工作幾天，年薪十萬零五千二百美元，也同意我可以繼續擔任《金規則》的編輯。

您大概已經知道，正如《金規則》一月號（我的秘書寄了一份給您）的社論中所說，我在二十二年以前，只是一個每天賺一美元的煤礦工人。

之所以要跟您說這些，最大的原因是：我目前取得的成功，以及我作為拿破崙・希爾學會會長之後的所有成就，完全歸功於「世界上最神奇的二十四堂課」制定的那些體系與原則。

您幫助人們認識到，一個人可以在他的想像中創造出來的成就，沒有什麼是不能實現的。我們需要做的，只是把蘊涵在我們自身內部的所有潛在力量激發出來。

非常感謝您讓我及時看到這本書，也感謝您正在讓更多的人瞭解這本書中的精華。我希望可以與您合作，不遺餘力地把這些課程推薦給我可以接觸到的人，讓他們與我共同分享這本書帶給我們的成果。

親切而真誠地，拿破崙・希爾
《金規則》編輯
芝加哥，伊利諾州
一九一九年四月二十一日

前言

微軟公司創立於一九七五年，這家當初名不見經傳的公司，日後成為尖端新技術的代名詞。與其說創立這家公司是出於比爾‧蓋茲對電腦技術的熱愛，不如說是一個偶然的機會，讓他毅然棄學，開創微軟帝國。

蓋茲十九歲的時候，在一個上流社會的同學家偶然看到一本書——《世界上最神奇的二十四堂課》。正是這本書，開啟少年蓋茲最初的夢想。

世界上最著名的成功學暢銷書作家拿破崙‧希爾，因為這本書，每年獲取財富十萬五千兩百美元，當時美國平均每人所得只有七百五十美元。透過這本書，他寫出自己的成功學著作，並且專門為這本書寫了感謝信。這本書到底有什麼魔力，讓蓋茲和希爾最終得以實現自己的夢想，並且讓更多的人對它產生好奇？

一九一二年，美國企業家查爾斯‧哈奈爾出版《世界上最神奇的二十四堂課》，幾個月之內就銷售二十餘萬冊，許多人的人生因為這本書的出現而改變，但是到了一九三三年，這本神奇的書籍卻突然從市場上消失了，原因是很多成功的商人不願意讓更多的人看到此書，擔心他們因為此書而致富。這些商人聯合起來，要求美國教會查禁這本書。

此後，這本書只能以手抄本的形式在上流社會中流傳。當時，甚至需要花費一千五百美元，才可以得到一部《世界上最神奇的二十四堂課》的手抄本，一千五百美元相當於當時一個人兩年的收入。值得慶幸的是，這本塵封許久的神秘之書終於在二〇〇三年重見天日。在被禁了七十年以後，更多的人得以再見它的廬山真面目，上市以後，立刻成為最熱門的暢銷書。

這本書闡述生命以及創造性人生的基本原理，是迄今為止關於自我提升和深層自省的最經典作品。從如何致富寫到家庭教育，從創業歷練講到職業操守，可謂包羅萬象。它傳授為所有成就奠定基礎的終極原則、理念、因果、法則，創立一種關於成功的、全新的、最實效的體系。

解禁至今，這本書創立的體系被越來越多的專業人士注入新的時代力量，使之成為與時俱進、不斷自我豐富的價值體，由此組成以這本書為母體的成功學系統。

本書正是以這種體系為框架，以二十四堂課的形式重新組合，分別從心靈的自助、自我意識的啟發、主動能量的提升、自我關係的設定、子女教育方式的轉換、內心的修養與扶助、對職業操守的堅持、永不放棄的追求、探求本我的發展之道、面對現實而不恐慌於現實的耐力與突破力等方面，分析當下人們內心的矛盾與糾結，力圖透過許多富有哲理的故事，為讀者打開一扇重新發現自我、關照自我的通道。例如：第一課「傾聽來自內心的聲音和力量」，這是一種心靈自助的方式，它提供的方式其實很明顯——排除外界的干擾，釋放生命的自由。

本書突顯的是我們自身的寧靜，對於外界紛繁事物的取捨。這就像是孟子所言的魚與熊掌，懂得放棄，懂得取捨，內心就會清淨，外物就不會給我們帶來紛擾，進而讓我們取得豐饒的生命體驗。如果你希望有所成就，「世界上最神奇的二十四堂課」體系會告訴你怎樣去做。利用這個體系，結果會讓你感到驚訝，甚至不敢相信，這也是本書編者的最大心願。

目錄

第2課
每個人的心中，都有一個沉睡的巨人

第3課
不要向命運妥協

第4課
強大的力量，源自內心的和諧

—第5課—
處處有心皆教育

—第6課—
很多「不幸」，只是我們的錯覺

第7課 心靈在修行

第8課 面對青春的情緒，情緒就會消解

第9課
不抱怨的世界，遇見更好的自己

第10課
有人還沒有開始嘗試，就已經被自己淘汰了

第11課
沒有窮困的世界，只有貧瘠的心靈

一第12課一 把真理變成習慣，就可以保持最佳狀態

一第13課一 忠於職守的力量

第14課
越單純的人，越有力量

第15課
看不到自己的獨特，就只能平庸

第16課
發掘不息的成功之源

第22課 積極的想法就是一切

第23課 你得到的，都是你關注的

—第1課—

傾聽來自內心的聲音和力量

排除外界的干擾，釋放生命的自由

我們知道，火有一種特性：火勢小的時候，很快就會被壓在它上面的東西熄滅；火勢大的時候，很快就會點燃壓在它上面的東西，並且借助這些東西使自己越燒越旺。

所以，每個人的成敗主要取決於自身力量的強弱，而非加諸在身上的壓力大小。**法國作家杜・加爾曾經說過一句話：「不要妥協，要以勇敢的行動克服生命中的各種障礙。」法國啟蒙思想家伏爾泰說：「人生布滿了荊棘，我們知道的唯一方法是從那些荊棘上面迅速踏過。」**人生是不平坦的，這同時也說明生命需要磨練，面對人生中的許多干擾，要保持一種滿足而寧靜的態度，利用這種障礙，達到鍾鍊自己的目的。因為只有障礙，才可以使你不斷地成長。「燧石受到的敲打越厲害，發出的光就會越燦爛。」正是這種敲打，才會使燧石發出光芒。

《沉思錄》的作者馬可・奧里略曾經說，即使是生命中那些痛苦的事情，也可以為你的靈魂增添耀眼的色彩。所以，請熱愛那些只發生在你身上的事情，那些只為你紡的命運之線。因為，有什麼比這更適合你？

即使是不好的事情，我們也可以用微笑的靈魂發掘其中蘊涵的機會；即使我們在正確的原則指引下走正直道路的時候，有人阻擋我們，我們也可以像火焰一樣，滿足而寧靜地摒棄所有干擾，並且利用它們來訓練自己。

美國的一所大學曾經進行一個很有意思的實驗：研究人員用很多鐵圈將一個南瓜箍住，以觀察它逐漸長大的時候，可以抵抗多少由鐵圈給予它的壓力，研究人員預估南瓜最多可以承受四千磅的壓力。

在實驗的第一個月，南瓜就承受四百磅的壓力；到了第二個月，這個南瓜承受一千磅的壓力。南瓜承受到兩千一百磅的壓力，研究人員開始對鐵圈進行加固，以免南瓜將鐵圈撐開。實驗結束的時候，這個南瓜承受超過四千磅的壓力，此時瓜皮才因為巨大的反作用力產生破裂。

研究人員取下鐵圈，費了很大的力氣才打開南瓜。它已經無法食用，因為試圖突破鐵圈的壓迫，南瓜中間充滿堅韌牢固的纖維。為了吸收充足的養分，以便於提供向外膨脹的力量，南瓜的根系總長甚至超過八萬英尺，所有的根不斷地往各個方向伸展，幾乎穿透了整個實驗田的每一寸土壤。

南瓜可以排除外界的障礙，並且充分釋放自己生命的能量，獲得前進的動力，進而使自己變得更強大，人生也是如此。許多時候，我們誇大那些強加在我們身上的折磨的力量，其實生命還可以承受更大的障礙。生命本身的力量可以把每個障礙扭轉為對它活動的援助，以致把一個障礙的東西變成對一個行為的推進。

所以，那些折磨我們的力量往往可以成為幫助我們成長的能量，在與我們意願相反的事物中，我們也可以獲得前進的方法。如果每個障礙都成為我們的質料，生命之火就可以熊熊燃燒。

即使祈求上天，也要保持尊嚴

雅典人在祈雨的時候，禱告的語言也會保持自己的高貴：「降雨吧，降雨吧，親愛的宙斯，使雨降落到雅典人耕作過的土地上，降落到平原上。」——作為宇宙中的有尊嚴的個體，我們確實不應該祈禱，即使不得已而為之，也應該以這種簡單和高貴的方式祈禱，而非輕賤地如一個乞丐般，出現在祈禱的聖壇前。

在現實生活中，就有這樣的人——他們看不起自己，作踐自己，甘願與人為奴，供人驅使，而且表現得比自卑的人更嚴重。這樣的人，就是沒有骨氣的人，說得更嚴重一些，就是身上和心裡都有「奴性」。奴性的人喜歡仰人鼻息、看人眼色行事，以逢迎諂媚為能事。他們沒有自我意識，不知道自己可以做一個堂堂正正的人。

然而，一個保持尊嚴的人，即使在祈禱的時候，也可以表現出高貴的氣質。其實，祈禱是一種乞求，即使是在「乞求」神靈或是別人的幫助，尊重自己的人也可以贏得別人的尊重。

一年冬天，美國加州的一個小鎮上，來了一群逃難的流亡者。長途的奔波使他們滿臉風塵，疲憊不堪。善良好客的當地人生火做飯，款待這群逃難者。鎮長約翰為這些逃難者送去粥食，這些逃難者已經很久沒有吃到這麼好吃的食物，接到食物以後，立刻狼吞虎嚥，連一句感謝的話也來不及說。

只有一個年輕人例外，約翰鎮長把食物送到他面前的時候，這個骨瘦如柴、饑腸轆轆的年輕人問：「先生，吃你這麼多東西，你有什麼工作需要我做嗎？」約翰鎮長心想，給一個逃難者一頓果腹的飯食，每個善良的人都會這麼做，於是他說：「不，我沒有什麼工作需要你做。」

這個年輕人聽了約翰鎮長的話之後顯得很失望，他說：「先生，我不能隨便吃你的東西，我不能沒有經過勞動，憑空享受這些東西。」約翰鎮長想了想又說：「我想起來了，我確實有一些工作需要你幫忙，等你吃過飯以後，我就給你一些工作。」

「不，我現在就要開始工作，做完你交代的工作，我再吃這些東西。」那個年輕人站了起來。約翰鎮長十分讚賞地看著這個年輕人，他知道這個年輕人已經兩天沒有吃東西，又走了這麼遠的路，可是不給他做一些工作，他不會吃下這些東西。約翰鎮長思忖片刻以後說：「小夥子，你願意幫我捶背嗎？」那個年輕人十分認真地幫他捶背。捶了幾分鐘以後，約翰鎮長站起來說：「好了，小夥子，你捶得棒極了。」說完，鎮長將食物遞給年輕人，他狼吞虎嚥地吃起來。

約翰鎮長微笑地看著那個年輕人說：「小夥子，我的莊園需要人手，如果你願意留下來，我會非常高興。」

那個年輕人留了下來，並且很快成為約翰鎮長莊園的得力助手。兩年以後，約翰鎮長把自己的女兒珍妮許配給他，並且對女兒說：「不要看他現在一無所有，他將來一定會是一個富翁，因為他有尊嚴！」

有尊嚴的人比奴性的人更容易接近成功，所以這個年輕人比其他逃難者更快地獲得穩定的生活。一個人如果失去尊嚴，做人的價值和樂趣就無從談起。尊嚴是一個人做人的根本，無論在什麼時候，我們都要挺直做人的脊樑，用行動捍衛自己的尊嚴。**自尊，是人類的一種美德，是無價的，是人類最珍貴、最高尚的東西。**

所以，即使在誘惑面前也要巋然不動，不能出賣靈魂。無論你往後的日子是富貴還是貧窮，都要保持做人的尊嚴，只有尊敬自己，才會得到別人的尊敬。

善良是內心源源不斷的泉水

一家餐館裡，一個老婦人買了一碗湯。她在餐桌前坐下以後，突然想起忘記拿麵包。她起身去拿麵包，重返餐桌。然而，讓她驚訝的是，自己的座位上坐著一個黑皮膚的男子，正在喝著自己的那碗湯。「這個無賴，為什麼喝我的湯？」老婦人氣呼呼地尋思，「可是，也許他太窮了、太餓了，還是算了，但是不能讓他把湯喝完。」

於是，老婦人裝作若無其事的樣子，與黑皮膚的男子同桌，面對面地坐下，拿起湯匙，不聲不響地喝湯。就這樣，兩個人喝著一碗湯，你喝一口，我喝一口，兩個人互相看著，默默無語。

此時，黑皮膚的男子突然站起來，端來一盤麵條，放在老婦人面前，麵條上插著兩把叉子。

兩個人繼續吃著，吃完以後，各自起身，準備離去。

「再見！」老婦人友善地說。

「再見！」黑皮膚的男子熱情地回答。他顯得特別愉快，感到非常欣慰，因為他自認為今天做了一件好事——幫助一個窮困的老人。

黑皮膚的男子走後，老婦人發現，旁邊的飯桌上放著一碗沒有人喝過的湯，正是她自己的那一碗。

老婦人瞭解事情的始末之後，尷尬之餘，一定感受到一種莫名的感動，這種溫暖的力量來自善良品格的感染。

善良就像是內心一道源源不斷的泉水，它帶來的感動比生命本身更長久。**英國哲學家休謨說：「人類生活的最幸福的心靈氣質是品格善良。」**一個心地善良的人，必定是一個心靈豐足的人。同時，善良的舉動也會帶給別人內心的感動和震撼。

一個愛的詞語，可以把人們從痛苦的深淵中拯救出來，並且帶給他們希望；一個微笑，可以讓人們相信自己還有活著的理由；一個關懷的舉動，甚至可以救人一命；一個關愛的剎那，就可以改變一切。不要低估你心中善良品格的力量，進而使你失去很多行善的機會。不要以為你可以幫助別人的只是滄海一粟，不要以為你的能力不足以救人於水火。

不要像彷彿你會活一千年那樣行動，死亡正在窺伺你。你活著的時候，如果善在你的力量範圍之內，就行善吧！我們的能力是有限的，但是我們可以在自己的力量範圍之內，盡己所能地行善。相信，一念善起，萬事花開。

回歸自我，不慕虛榮

不管別人怎麼說、怎麼做，我們都要做一個好人，就像一塊翡翠或是黃金總是認為：「無論別人怎麼說、怎麼做，我始終是一個珍寶，我要保持我的光彩。」

一個可以保持寧靜心靈並且保持理性自我的人，永遠不會產生恐懼或欲望，除非別人讓他產生恐懼、陷入欲望。這個時候，靈魂會因為貪慕一時的虛榮而失去自我。讓肉體去體驗這種經歷吧！如果它有能力，或許可以使自身免於傷害。我們的靈魂可以感受恐懼和痛苦，並且可以對恐懼和痛苦做出判斷，但是靈魂不會受到損害，因為它不會這樣認為。靈魂一無所求，除非它自己創造出需要，同樣地，沒有什麼可以打擾它、妨礙它，除非它打擾自己、妨礙自己。

每個人都有不同程度的虛榮心，它像一隻默默地啃噬自己內心的小蟲，悄無聲息但是讓人痛苦難熬。這些貪慕虛榮的人，必然會為自己的行為付出一些代價。

山雞天生美麗，渾身披著五顏六色的羽毛，在陽光的照耀下熠熠生輝、鮮豔奪目，叫人讚歎不已。

山雞也為這身華羽而自豪，非常愛惜自己的美麗。牠在山間散步的時候，只要來到水邊，看見水中自己的影子，就會翩翩起舞，一邊跳舞，一邊驕傲地欣賞水中倒映出的自己絕世無雙的舞姿。

一個臣子將山雞送給君主，君主非常高興，召喚有名的樂師吹起動人的曲子，山雞卻充耳不聞，既不唱歌也不跳舞。君主命人拿來美味的食物放在山雞面前，山雞看都不看，無精打采地走來走去。就這樣，任憑眾人想盡辦法、使盡手段，始終無法逗得山雞起舞。

此時，一個聰明的臣子叫人搬來一面鏡子放在山雞面前，山雞緩慢地走到鏡子前，看到自己無與倫比的麗影，比在水中看到的還要清晰。牠先是拍打翅膀，對著鏡子裡的自己激動地鳴叫，然後扭動身體，舒展步伐，翩翩起舞。

山雞迷人的舞姿讓君主看呆了，連連擊掌，讚歎不已，以至於忘記叫人把鏡子抬走。可憐的山雞，對影自賞，不知疲倦，在鏡子前拼命地又唱又跳。最後，牠終於耗盡最後一點力氣，倒在地上死了。

顧影自憐的山雞沒有找到自己的真正價值，在強烈的虛榮心的驅使下迷失自己。牠追求錯誤的東西並且沉迷其中的時候，逐漸地從虛榮走向炫耀，以至於失去理智，並且為此付出慘重的代價。

虛榮心會使我們失去心靈的自由，使我們覺得沒有安全感，與其在虛榮心的驅使下追求鶴立雞群、脫穎而出的滿足，不如回歸本我，在寧靜的心靈世界中尋求知足的幸福。

—第2課—

每個人的心中，都有一個沉睡的巨人

奇蹟每天都在不同的角落中發生

幾乎每個人都曾經在心中默默禱告過奇蹟可以在自己的身上發生，尤其是我們看到那些具有傳奇色彩的人物故事之時，更是難以抑制自己羨慕和驚歎之情。

羅傑・羅爾斯是美國紐約州歷史上第一位黑人州長，他出生在紐約聲名狼藉的大沙頭貧民窟。那裡環境骯髒，充滿暴力，是偷渡者和流浪漢的聚集地。在那裡出生的孩子，耳濡目染，從小蹺課、打架、偷竊，甚至吸毒，長大以後很少有人從事體面的職業。然而，羅傑・羅爾斯是一個奇蹟——他不僅考上大學，而且還成為州長。

在就職記者招待會上，一位記者問他：「是什麼把你推向州長寶座？」面對三百多位記者，羅爾斯對自己的奮鬥史隻字未提，只談到他上小學時候的校長——皮爾・保羅。

一九六一年，皮爾・保羅被聘為諾必塔小學的董事兼校長。當時，正值美國嬉皮流行的時代，他走進大沙頭諾必塔小學的時候，發現這裡的窮孩子比「迷惘的一代」還要無所事事。他們不與老師合作，曠課、鬥毆，甚至砸爛教室的黑板。皮爾・保羅想出很多方法來引導他們，可是沒有一個奏效。後來，他發現這些孩子很迷信，於是在他上課的時候多出一項內容——替學生看手相，他用這個方法來鼓勵學生。

羅爾斯從窗台上跳下，伸著小手走向講台的時候，皮爾・保羅說：「我看到你修長的小拇指就知道，將來你是紐約州的州長。」羅爾斯非常驚訝，因為長這麼大，只有他的奶奶鼓勵他，說他可以成為五噸重小船的船長。這一次，皮爾・保羅先生竟然說他可以成為紐約州的州長，確實出乎他的想像。他記下這句話，並且相信它。

校長先生的一句話完全改變這個嬉皮，「紐約州州長」就像一個標竿，隨時衡量他的言行。羅爾斯的衣服不再沾滿泥土，說話的時候不再夾雜汙言穢語。他開始挺直腰桿走路，在以後的四十多年期間，他沒有一天不按照州長的身分要求自己。五十一歲那年，這個奇蹟發生了，他成為紐約州的州長。

羅爾斯的母親一定很感謝校長的這句話，但是對校長來說，他只是開了一個玩笑。他對羅爾斯說這句話的時候，他可能不瞭解羅爾斯，更不會想到這句話會在四十多年以後實現！是什麼創造這個奇蹟？

有一位作家處於混沌不清的世界中已經半個世紀，「我只有一隻眼睛，」她寫道，「眼睛上布滿深深的疤痕，我只能透過左眼一條細細的窄縫來看這個世界。只有把書拿起來貼在臉上才可以看見，而且還要用力睜大左眼。」

但是她從來不把自己當作「另類」，她喜歡和其他孩子玩跳房子遊戲，可是她看不見地上畫的線。於是，等其他孩子回家以後，她蹲在地上，把眼睛貼在線上，沿著線指認，記住地上每個畫線部分。下次再和其他孩子玩遊戲，她竟然成為專家。每次看書的時候，她必須把印著大號字體的書貼在臉上，眼睫毛好像可以刷著書頁。

在這樣的情況下，她獲得兩個著名大學的學位。後來，她到一個小鎮教書，隨後不斷升遷，最後成為一所院校的新聞系和文學系的教授。她不僅教了十四年的書，還在婦女俱樂部擔任協調員，在電台主持談話節目，介紹各類書籍及作者。

一九四三年，她五十二歲的時候，真正的奇蹟發生了：她在一家診所進行眼部手術，手術以後，她的視力比以往任何時候好上四十倍！她欣喜地看到一個嶄新的世界，就連洗碗也讓她激動和振奮。「我開始玩著碗裡、鍋子裡的肥皂泡，」她寫道，「把手插進泡沫裡，托起一個肥皂泡，對著陽光，在每個肥皂泡上，我看到許多小彩虹的絢麗顏色。」她透過廚房的窗戶向外張望，看見「不停拍打灰黑色翅膀的麻雀，飛過厚厚的正在飄落的雪」。

她的筆下不僅多出很多如此優美靈動的語句，更多出一份對生活的感恩。

這個世界上，每天都在發生很多「奇蹟」。那些超出我們原來預想的事情，讓以「隨遇而安」為藉口而放棄努力的人感到震撼。為什麼奇蹟可以出現在別人的身上，卻沒有發生在我們周圍？是什麼在影響奇蹟發生的機率？

以這兩個故事來說，是羅爾斯把自己當作未來州長的態度，是女作家與其讓自己陷入對失明的恐懼中，不如積極地戰勝恐怖、不斷捕捉生活快樂的想法，使得他們各自創造奇蹟，發掘自身的價值。

確實，心靈的力量可以讓奇蹟發生！**你的內心有足夠強大的毅力和決絕的勇氣，就有足夠的能力去創造屬於自己的奇蹟**。如果你對這個結論有所懷疑，讓我們回憶自己生活中的場景：

你決定要努力學習，拿到自己理想的名次之後，每次的練習和測驗都有盡全力去分析嗎？你決定要珍惜自己的朋友之後，與他們相處的每一刻，都有用最友善的心態去接受他們嗎？你想要化解家人之間的誤會以後，面對家人的不理解，你有心胸去接受嗎？……

你還可以補充類似的提問，如果你對這些問題無法給出肯定的回答，也不要感到驚訝，試想：為什麼奇蹟沒有在自己的身上發生？

當然，你可能正在努力創造奇蹟，你需要的只是時間和堅持的勇氣。

別人眼中的困難，正是勇者眼中的常態

歐巴馬八歲的時候，寫了一篇沒有來由的文章，裡面提到自己的理想，他說「我將來要當總統」。當時，他身在印尼，和母親跟著繼父生活在偏僻的村子裡，跟著當地的孩子們一起玩耍。無論是誰，都不會認為那個沒有背景和天資的黑人小孩會當上美國總統。

但是這件不太可能的事情，卻在二〇〇八年年底發生了，歐巴馬成為美國歷史上第一個非裔的總統。

有人想要去欣賞古典音樂、學習跳舞健身，但是想到自己還有很多事情沒有做，就打消之前的想法。這樣的小事也無法自己安排，遑論人生大計？但是在真正的勇者面前，一切都是預料之中的困難，沒有他們不能完成的任務。

野心，勇者的野心可以克服所有困難，在他們的眼中，沒有什麼值得大驚小怪的事情。可能很多人對「野心」這個詞語有些反感，我們可以將之稱為「實現目標的氣魄」。**在秘密的法則中，有一個道**

理：目標越大的人，問題就會越小。

一八九〇年，古柏坦訪問希臘奧林匹克運動的發源地——奧林匹亞，碧波蕩漾的愛琴海、巍峨的奧林帕斯山，喚醒他從小形成的對古代奧林匹克的嚮往和崇敬。他逐漸萌生以古代奧林匹克精神來推進國際體育運動的想法，以創辦現代奧運來弘揚奧林匹克精神。一種舉辦世界性的奧林匹克運動會的設想，使他開始積極投入創辦現代奧運會的工作中。

嚴格說來，古柏坦不是世界上第一個提出復興奧運會的人。在他之前，德國體育教育家古茲穆斯、考古學家庫爾修斯曾經先後提出此議。但是他們只局限於設想，真正將設想付諸實踐的只有古柏坦。

這次希臘之行，使二十七歲的古柏坦確立復興奧運的人生目標，從這個時候開始，他為這個理想近乎狂熱地努力。第二年，他創辦《體育評論》雜誌，積極宣傳復興奧林匹克精神，為推動奧林匹克運動復興進行大量思想推廣工作。皇天不負苦心人，一八九四年六月十六日，「國際體育運動代表大會」在巴黎開幕，有十二個國家兩千多人出席開幕儀式，古柏坦起草開幕詞。

早在一八九二年十一月二十五日，他發表「復興奧林匹克」演說，人們卻反應冷淡。對此，古柏坦毫不氣餒，開始到法國各地以及歐美許多國家遊說。每到一地，他總是充滿熱情地談論復興奧運，點燃人們的熱情。

一八九四年六月二十三日，三十一歲的古柏坦得到一個圓滿的結果：來自歐美三十七個運動組織的七十八位領導人通過決議，從一八九六年開始，恢復四年一次的奧運會，並且規定「業餘運動」的原則和參賽項目，確定第一屆奧運會在希臘舉行。

一八九六年明媚的春天到來的時候，第一屆現代奧運會在雅典如期舉行。熄滅十五個世紀的奧運聖火，在容納八萬名觀眾的大理石運動場再次點燃，主席台上的古柏坦和人們一起發出激動的歡呼。在此之前，希臘曾經因為財政困難，想要放棄奧運會主辦權。

為此，古柏坦多次前往希臘，動用所有的交際手段，說服王儲、國王、首相，動員富豪出資贊助，並且在歐洲和希臘進行募款。為了籌集資金，希臘發行第一套奧運郵票。「奧林匹克郵票發行以後，舉辦奧運就成為定局。」古柏坦的話，證實後來人們傳頌的「郵票挽救首屆奧運會」的佳話。

第二屆巴黎奧運會和世界博覽會同時舉辦，兩者產生衝突。古柏坦被迫辭職，並且遭到譏笑和唾罵，但是他毫不在意。

從開始確立復興奧運會的目標，直到一九三七年九月二日逝世，古柏坦為奧林匹克運動奮鬥四十七年。其間，他不顧家人的反對，對工作不分巨細親自處理：文件，宣傳，設計圖案……他四處奔走聯絡各方，廣交朋友爭取支持，嘔心瀝血，殫精竭慮。

看看今天的奧運會，它代表人類追求的體育精神，誰可以想像這是由一個人的夢想產生的？「讓我把全世界的人號召起來，有組織有紀律地參加一場盛會，並且讓人們認可同樣的評判標準？這簡直不可能！」但是，古柏坦把這個變成可能。

還有很多讓你感到不可能的事情嗎？那只能說明你需要更大的勇氣，去相信你一定可以實現理想，你願意相信的時候，就沒有什麼困難可以難倒你。

上帝很忙，可以拯救你的只有你自己

在生活中，一帆風順的事情很少，可能會遇到許多困難和挫折。遇到困難和挫折不可怕，可怕的是我們面臨困難和挫折的時候只會退縮。有些人遇到困難和挫折，積極尋找解決的方法，努力進行自救；有些人卻把生還的希望寄託在別人的救助上，錯失自救的良機。對待困難和挫折的態度不同，最後的結局必然迥異。

路要自己走，生活要靠自己創造。「倚立而思遠，不如速行之必至也」，在人生的道路上，每個人都要做自己的救世主，須知「自救才可以救人」。

伐木工人巴尼・羅伯格在伐一棵大樹的時候，大樹突然倒下，他來不及躲避，被大樹粗壯的枝幹壓在地上。他甦醒過來的時候，發現自己的左腿被枝幹壓住，不管自己怎麼使勁也抽不出來。

天快黑了，周圍一個工人也沒有。巴尼心想，如果躺在地上等待別人救援，自己在被人發現之前就會因為失血過多而死去。現在唯一的方法是自救，把壓在腿上的樹幹砍成兩截，才有可能抽出左腿。

於是，巴尼拿起身邊的斧頭，一下一下地砍起樹幹。可是砍了幾下，斧柄突然斷了。巴尼在絕望之餘，想到只有砍斷自己的左腿，才是唯一的求生之路。

沒有猶豫，忍著劇痛，巴尼砍斷自己的左腿，以驚人的毅力爬到山下的工棚裡，並且撥通醫院的電話求救。

巴尼用失去一條腿的「殘酷」方式，換來了生命。他可以活下來，就是因為他進行積極的自救。巴尼的自救行為讓我們認識到：命運就在自己的手中。總是依靠別人，只會等來失敗。積極地創造條件，改變自己的命運，就可以走出困境。

自己的命運掌握在自己的手中，想要擁有一個高品質的人生，就要給自己信心。只有相信自己的力量，才可以譜寫出自己想要的人生舞曲。

—第3課—

不要向命運妥協

站在對方的立場上傳遞溫暖

在美國的一次經濟蕭條中，九〇%的中小企業倒閉了，一個名叫丹娜的女人創辦的齒輪廠的訂單也是一落千丈。丹娜寬厚善良，慷慨體貼，結交許多朋友，並且與客戶保持良好的關係。在舉步維艱的時刻，丹娜想要找那些朋友幫忙，於是寫了很多信。可是，等到信寫好以後她才發現：自己沒有錢買郵票！

這同時也提醒丹娜：自己沒有錢買郵票，別人的日子也不會太好，怎麼會捨得花錢買郵票給自己回信？可是如果沒有回信，誰又可以幫助自己？

於是，丹娜把家裡可以賣的東西全部賣掉，用一些錢買了許多郵票，開始寄信給朋友，並且在每封信裡附上兩美元，作為回信的郵票錢，希望朋友們給予指導。她的朋友收到信以後非常驚訝，因為兩美元超過一張郵票的價錢。每個人都被感動了，他們回想起丹娜平日的各種善舉。

不久，丹娜就收到訂單，還有朋友來信說想要投資，丹娜的生意很快有了起色。在這次經濟蕭條中，她是為數不多有所成就的企業家。

有些人經常抱怨自己不被別人理解，換一個角度去思考，別人可能也有同樣的感受。我們希望獲得別人的理解，可以嘗試自己主動站在對方的角度去思考，也許會得到一個意想不到的答案，許多衝突和誤會也會迎刃而解。

銷售大師喬．吉拉德說：「你認為別人的感受和自己的感受一樣重要的時候，才會出現融洽的氣氛。」多從別人的角度考慮問題，如果對方覺得自己受到重視和讚賞，就會報以合作的態度。如果我們只強調自己的感受，別人就會和我們對抗。

換一個角度為對方思考，關係就會立刻變得緩和。我們應該相信，每個有缺點的人都有值得同情和原諒的地方。一個人的過錯，經常不是他自己造成的，對這些人多一些體諒，從對方的角度出發，你的寬容就可以溫暖一顆失落的心，他們也會把溫暖傳遞給別人。

你就是萬人矚目的強者

有一天，一隻老虎躺在樹下睡覺。一隻老鼠從樹洞裡爬出來的時候，不小心碰到老虎的爪子，把牠驚醒了。老虎非常生氣，張開嘴巴就要吃牠，老鼠嚇得發抖，哀求地說：「求求你，老虎先生，不要吃我，這次放過我吧，日後我一定會報答你。」

老虎不屑地說：「一隻老鼠怎麼可能幫得了一隻老虎？」然而，牠是一隻心地善良的老虎，最後還是把老鼠放走了。

不久，這隻老虎出去覓食的時候，被獵人設置的網子罩住。牠用力掙扎，使出渾身力氣，但是網子太結實了，越掙扎綁得越緊。於是，牠大聲吼叫，老鼠聽到牠的吼聲，立刻跑過去。

「不要動，尊敬的老虎，讓我來幫你，我會幫你把網子咬破。」

老鼠用尖銳的牙齒咬斷網上的繩結，老虎終於從網子裡逃脫出來。

「上次你嘲笑我，」老鼠說，「你覺得我太弱小了，無法報答你。你看，現在不是一隻弱小的老鼠救了老虎的性命嗎？」

從這個故事中，我們不難想到，在這個世界上，沒有人註定是強者，也沒有人註定是弱者。強大如老虎，在獵人的陷阱裡，就會變成弱者；弱小如老鼠，在結實的網繩前，擁有鋒利牙齒的牠就會變成強者。

你或許自以為是弱者，輕視自己的力量。從現在開始，你應該轉換自己的想法，找出自己的優點，之後給自己一些信心，才可以在自己的位置上發揮出最大的價值。

在這個世界上，每個人都不是一無是處，即使你現在找不到自己的優點，不表示你沒有優點。要相信，總會有一個優點埋藏在你平淡無奇的生命中。

法國文豪大仲馬在成名以前，生活窮困潦倒。有一次，他到巴黎拜訪他父親的一個朋友，請他幫忙找工作。

他父親的朋友問他：「你可以做什麼？」

「沒有什麼了不起的本事。」

「精通數學嗎？」

「不行。」

「懂得物理嗎？或是歷史？」

「什麼都不知道。」

「會計呢？法律如何？」

大仲馬滿臉通紅，第一次知道自己太差勁了，就說：「我非常慚愧，現在我要努力加強這些弱項。我相信不久之後，可以給你一個滿意的答覆。」

他父親的朋友對他說：「可是，你要生活啊！把你的住處留在這張紙上吧！」大仲馬無可奈何地寫下他的地址。他父親的朋友叫著說：「你終究有一樣長處，你的名字寫得很好！」

大仲馬在成名以前，曾經認為自己一無是處。然而，他父親的朋友卻發現他的優點——名字寫得很好。

名字寫得很好，也許你對此不屑一顧：這算是什麼優點！然而，不管這個優點有多麼了不起，它畢竟是你的本事。你可以用此為中心，擴大自己的優點：名字寫得很好，字就可以寫得很好；字可以寫得很好，文章為什麼不能寫得很好？

每個人，尤其是妄自菲薄的人，不要把強者的標準定得太高，對自身的長處視而不見，應該看到自己沒有被別人和自己發現的優點。

事實上，你不是一個天生的弱者，所以不要總是低頭走路。只要你注意到自己的閃光點，並且努力將它發揚光大，你就是萬人矚目的強者。

像舵手一樣，主導人生的航向

一九四〇年七月二十三日，在美國一個貧困的鐵路工人家庭，一位黑人婦女生下她一生中的第二十個孩子，這是一個女孩，取名威瑪・魯道夫。眾多的孩子讓這個貧困的家庭更是捉襟見肘，懷孕的母親也經常挨餓。孕婦營養不良使得威瑪早產，註定威瑪的先天性發育不良。

四歲那年，威瑪不幸同時罹患雙側肺炎和猩紅熱。在那個年代，肺炎和猩紅熱都是致命的疾病。母親每天抱著威瑪到處求醫，醫生們搖頭說難以治癒，她以為這個孩子保不住了。然而，這個瘦小的孩子竟然存活下來。威瑪勉強撿回來一條命，她的左腿卻因此殘障，因為猩紅熱引發小兒麻痺症。從此，幼小的威瑪不得不依靠拐杖來行走。看到鄰居家的孩子追逐奔跑的時候，威瑪的心中蒙上一團陰影，感到非常沮喪。

在她的生命中那段灰暗的日子裡，經歷太多苦難的母親不斷地鼓勵她，希望她相信自己，並且可以超越自己。雖然有一大堆孩子，母親還是把許多心血傾注在這個不幸的女兒身上。母親的鼓勵給了威瑪希望的陽光，她曾經對母親說：「我的心中有一個夢想，不知道是否可以實現。」母親問威瑪的夢想是什麼，她堅定地說：「我想要比鄰居家的孩子跑得更快！」

母親雖然不斷地鼓勵她，此時還是忍不住哭了，她知道孩子的這個夢想永遠難以實現，除非奇蹟出現。

但是堅強的母親沒有因此而放棄希望，她從朋友那裡得知一種治療小兒麻痺症的簡易方法，那就是：泡熱水和按摩。母親每天堅持為威瑪按摩，並且號召家人只要有空就為威瑪按摩。同時，母親不斷地打聽治療小兒麻痺症的偏方，買來各種草藥為威瑪塗抹。奇蹟終於出現了！威瑪九歲那年的一天，她扔掉拐杖站起來了。母親立刻抱住自己的孩子，淚如雨下，四年的辛苦和期盼終於有回報了！

十三歲那年，威瑪決定參加中學舉辦的短跑比賽。學校的老師和同學知道她曾經罹患小兒麻痺症，直到此時，雙腿還不是很靈活，好心地勸她放棄比賽。威瑪執意要參加比賽，老師只好通知她的母親，希望母親可以勸她。然而，母親卻說：「她的腿已經好了，讓她參加吧，我相信她可以超越自己。」事實證明，母親的話是正確的。

比賽那天，母親到學校為威瑪加油。威瑪依靠驚人的毅力，奪得一百公尺和兩百公尺短跑的冠軍，震驚了校園，老師和同學也對她刮目相看。從此，威瑪愛上短跑運動，想盡辦法參加所有短跑比賽，而且可以獲得很好的成績。同學們不知道威瑪曾經不靈活的腿為什麼變得那麼神奇，只有母親知道女兒成功背後的艱辛。堅強而倔強的女兒為了實現比鄰居家的孩子跑得更快的夢想，每天早上堅持練習短跑，練到小腿發脹、酸痛為止。

在一九五六年的奧運會上，十六歲的威瑪參加四百公尺的短跑接力賽，並且和隊友一起獲得銅牌。一九六〇年，威瑪在美國田徑錦標賽上，以二十二・九秒的成績創造兩百公尺的世界紀錄。在當年舉行的羅馬奧運會上，威瑪迎來自己體育生涯中輝煌的巔峰。她參加一百公尺、兩百公尺、四百公尺接力賽，每場必勝，接連獲得三面奧運金牌。

從威瑪的身上，我們看到命運不是無法改變的。經歷先天的不幸，不要以為命運從此無法挽回，不要對自己失去信心，甘願忍受命運的摧殘。頑強的生命會向命運宣戰，盡力改變自己的命運，而不是在抱怨中放棄自己。

真正頑強的生命從來不會屈服，會用自己的努力來戰勝一切。只有勇敢地與命運對抗，才可以真正體會到生命的甘甜，獲得人生的幸福。

你不可能讓所有人滿意

哲人們經常把人生比喻為路，只要是路，就註定有崎嶇不平。

一九二九年，美國芝加哥發生一件震撼全國教育界的大事。

幾年以前，羅伯特・哈欽斯半工半讀地從耶魯大學畢業，做過作家、伐木工人、家庭教師、賣成衣的售貨員。只經過八年，他就被任命為美國第四大名校——芝加哥大學的校長。他只有三十歲！真是讓人難以置信。

人們對他的批評就像山崩落石一樣，打在這個「神童」的身上——太年輕了，經驗不夠，說他的教育觀念很不成熟，甚至各大報紙也加入攻擊。

在羅伯特・哈欽斯就任的那一天，有一個朋友對他的父親說：「今天早上，我看見報紙上的社論攻擊你的兒子，真是把我嚇壞了。」

「沒錯，」哈欽斯的父親回答，「話說得很凶。可是請記住，從來沒有人會踢一隻死狗。」

確實如此，越勇猛的狗，人們踢起來越有成就感。

被別人影響而失去自己方向的人，永遠無法獲得屬於自己的幸福。

真正成功的人，不是在於其成就的大小，而是在於他是否努力地實現自我，走出屬於自己的道路。

一個中文系的學生苦心撰寫一篇小說，請作家指導。因為作家罹患眼疾，學生就將作品讀給作家聽。讀到最後一個字，學生停頓下來。作家問：「結束了嗎？」聽他的語氣似乎意猶未盡，渴望下文。這個追問，激起學生的熱情，立刻靈感噴發，回答：「還沒有，接下來更精彩。」他以自己難以置信的構思，繼續敘述下去。

到達一個段落，作家又似乎難以割捨地問：「結束了嗎？」

小說一定攝魂勾魄，叫人欲罷不能！學生更興奮，更激動，更富於創作熱情。他不可遏止地接續、接續……最後，電話鈴聲驟然響起，打斷學生的思緒。

電話是找作家的，急事，作家匆匆準備出門。「沒有讀完的小說呢？」「其實，你的小說早就應該收筆了，我第一次詢問你是否結束的時候，你就應該結束，何必畫蛇添足？看來，你還沒有掌握情節脈絡，尤其是缺少決斷。決斷是當作家的根本，否則拖泥帶水，如何打動讀者？」

學生追悔莫及，自認性格過於受到外界影響，作品難以掌握，不是當作家的料。

很久以後，這個學生遇到另一位作家，羞愧地談及往事，誰知作家驚呼：「你的反應如此迅捷、思維如此敏銳、編造故事的能力如此強大，這些正是成為作家的天賦！假如正確運用，作品一定可以脫穎而出。」

「橫看成嶺側成峰，遠近高低各不同。」我們不可能讓所有人對我們滿意，可以拿他們的「意見」作為參考，不可以代替自己的主見。不要被別人的論斷束縛自己前進的步伐，追隨你的熱情、你的心靈，它們將會帶你實現夢想。

—第4課—

強大的力量，源自內心的和諧

影響力的本質——比別人更有自信

經常會有這樣的情況：一個人可以輕而易舉地得到某個職位，另一個人雖然可能更優秀，但是費了九牛二虎之力，依舊是徒勞無功。這是為什麼？顯然，有影響力的人格是其成功的關鍵。

影響力發揮作用是一個很微妙的過程，它以一種潛意識改變別人的行為、態度、信念。沒有人可以抗拒它，因為它來得悄無聲息，等到你察覺的時候，已經被它俘虜了。每個人都渴望擁有影響力，因為影響力是一種獨特的魅力，隨時影響周圍的人，並且給予對方一種神奇的力量。

怎樣才可以擁有珍貴的影響力？究其本質，就是比別人更有自信。自信可以使弱者變強，強者更健。只有自信的人，才有可能在成功之路上健步如飛，缺乏自信的人會步履蹣跚。

一位皇帝問一位哲學家：「誰是最快樂、最幸福的人？」

哲學家的回答出乎皇帝的意料：「誰可以這麼想、可以這麼做到，就是最快樂、最幸福的人。」

自信是個人魅力的成功之源！只要我們有自信，就可以增強才能，使精力加倍。

一個人的自信可以控制他生命的血液，並且可以將自己的「信念」堅強地運行下去。這樣的人是有影響力的人，可以承擔艱鉅的責任，這樣的人是最可靠的。

我們知道，軍隊的戰鬥力在很大程度上取決於士兵們對統帥的敬仰和信心，如果統帥抱持懷疑和猶豫的態度，軍隊就會混亂。據說，拿破崙率領軍隊作戰的時候，同樣一支軍隊，如果由拿破崙率領，戰鬥力就會增強一倍。拿破崙的自信，使他的軍隊所向披靡。

有一次，一個法國士兵騎馬為拿破崙送來一份戰報。因為路上趕得太匆忙，士兵的馬跌了一跤，死了。拿破崙立刻下馬，讓士兵騎自己的馬火速趕回前線。

這個士兵看見那匹雄壯的馬和牠寬厚的馬鞍，情不自禁地說：「不，將軍，對於我一個平常的士兵，這匹馬太高貴了。」

拿破崙回答：「世界上沒有一樣東西是法國士兵不配享有的！」

自卑自賤的觀念，往往是不思進取、自甘平庸的主要原因。世界上有很多像這個法國士兵一樣的人，以為自己的地位太低，別人擁有的幸福不屬於他們，他們不配享有；以為自己無法與那些偉大人物相提並論；以為世界上最好的東西不是自己應該享有的；以為生活上的所有快樂是留給命運的寵兒享受的……許多人本來可以成就一番事業，實際上卻過著平庸的生活，原因就是在於：他們沒有足夠的信心。

建立自信，努力奮鬥，不僅可以使我們在事業上不斷進取，達到預期目標，而且可以使我們在性格上重塑自我，增加自己的影響力。

在文學名著《簡・愛》中，家財萬貫、性格孤僻的莊園主人羅徹斯特怎麼會愛上地位低下又其貌不揚的家庭教師簡・愛？答案很簡單：因為簡・愛自信，富有人格魅力。正是這種自信的氣質，使她獲得羅徹斯特由衷的敬佩和深切的愛戀。

羅徹斯特向她吼叫「我有權蔑視你」的時候，歷經磨難的簡・愛用超乎常人的自信，以及由此帶來的鎮靜的語氣回答：「你以為我很窮，長得不漂亮，就沒有感情嗎？……我們的精神是平等的，就如同你和我會經過墳墓，同樣站在上帝的面前一樣。」

相貌平凡者，不必再為自己的貌不驚人而煩惱，因為「一個人越有自信，他的性格越是迷人」。增加幾分自信，就可以增加幾分影響力。簡・愛的藝術形象可以震撼和感染許多讀者的心靈，正是因為她以自信作為人生的支柱，使自己的人格魅力得以充分展現。

有自信的人，最有希望衝向成功的終點。**西班牙作家塞凡提斯認為：「失去財富的人損失很大，可是失去信心的人，什麼都完了。」**有自信往往表現為一種自我肯定、自我鼓勵、自我強化，堅信自己一定可以成功。沒有自信，談不上熱愛生活，談不上擁有探索奮鬥的勇氣和力量。

所以，一個有影響力的人應該顯示自己的偉大，展現自己的雄姿。我們充分相信自己的力量，有足夠的勇氣去面對生活的時候，就可以展現自己的個人魅力。

活著不是為了取悅別人

看到臉上濃墨重彩、衣著詭異夢幻的小丑，你一定以為他做這份工作很快樂。他們的工作就是讓人發笑，沒有任何約束。但是事實上，絕大多數小丑的扮演者都有不同程度的憂鬱症，單純為了取悅別人，對小丑來說，是一種生命不能承受之重，在可笑的面具後面，往往是一顆疲憊的心。**取悅別人，往往會偽裝自己。**沒有人可以忍受長久地掩飾自己的本性，除非他的內心是麻木的。所以，即使在強調要懂得社交技巧的今天，也不要為了取悅別人而迷失自己。

在這個世界上，沒有人可以讓所有人滿意。為了取悅別人而隨意改變自己，自身的光彩會逐漸暗淡。

希莉亞自幼學習藝術體操，身段勻稱靈活。可是很不幸，一次意外事故導致她下肢嚴重受傷，一條腿留下後遺症——走路有一點瘸。為此，她十分沮喪，甚至不敢上街，因為害怕看見別人注視的目光。作為一種逃避，希莉亞搬到約克郡的鄉下。

一天，小鎮上的雷諾茲老師帶著一個女孩向她學習跳蘇格蘭舞。在他們誠懇的請求下，希莉亞勉為其難地答應他們。為了不讓他們發現自己殘障的腿，希莉亞提早坐在一張籐椅上。可是那個女孩天生笨拙，沒有最基本的節奏感。

那個女孩再次跳錯的時候，希莉亞不由自主地站起來，為她示範那個動作——一個帶著旋轉的交叉滑步動作。希莉亞一轉身，看見那個學生的目光正在盯著自己的腿，一副驚訝的神情。她突然意識到，自己刻意掩蓋的缺陷在剛才的瞬間已經暴露無遺。此時，一種自卑讓她無端地惱怒。希莉亞的行為傷害了女孩的自尊心，她難過地跑開了。

事後，希莉亞滿心歉疚。過了兩天，希莉亞親自來到學校，和雷諾茲老師一起等候那個女孩。希莉亞說：「如果把你訓練成為一個專業舞者恐怕不容易，但是我保證，你可以成為一個很好的領舞者。」

這次，他們在學校操場上跳舞，許多學生好奇地圍觀。那個女孩笨拙的舞姿招來同學的嘲笑，她滿臉通紅，不斷犯錯，每跳一步都如同芒刺在背。希莉亞看在眼裡，深深理解那種無奈的自卑感。她走過去，輕聲對那個女孩說：「假如一個舞者只盯著自己的腳，就無法享受跳舞的快樂，而且別人也會注意你的腳，發現你的錯誤。現在，你仰起臉，面帶微笑地跳完這支舞曲，不要管步伐是不是錯誤。」

說完，希莉亞和那個女孩面對面站好，向雷諾茲老師示意。悠揚的手風琴音樂響起，她們踏著拍子，愉快起舞。那個女孩的步伐還是有些錯誤，而且動作不是很和諧，但是意外的效果出現了——那些旁觀的學生被她們臉上的微笑感染，不再關注舞蹈細節上的錯誤。逐漸地，越來越多的學生情不自禁地加入到舞蹈中，盡情地跳舞，直到太陽下山。

生活在別人的眼光裡，就會找不到自己的路，活著不是為了取悅別人。

其實，同一個事物，每個人的眼光都會不同。面對不同的幾何圖形，有人看出圓形的光滑無稜，有人看出三角形的直線組成，有人看出半圓形的方圓兼濟，有人看出不對稱圖形獨特的美……

既然看到的東西不同，何必為誰對誰錯而爭論擔憂？別人不喜歡你的時候，也許只是斷章取義地看到你的一些行為，如果你為此而改變自己，豈不是一直讓別人誤解你？

做一個實在的人，就是懂得做自己。不要因為別人的讚揚而自以為是，不要因為別人的批評而妄自菲薄。如果你是一個鄉下人，就算你假裝在城市出生，還是會被看出破綻。不如保留鄉下人的本性，因為沒有必要去討好那些會因為一個人的出身而得出好壞結論的人。

人生是一個多稜鏡，總是以它變幻莫測的每一面反照生活中的每個人。不必在意別人的流言蜚語，不必擔心自我思維的偏差，堅信自己的判斷、執著自我的感悟。用敏銳的視線去審視這個世界，用心聆聽這個多彩的人生，給自己一個富有個性的回答。

用行動為抱怨畫上休止符

迎著晨光行動，不要對著晚霞抱怨。你的行動可以給每一天增添亮色，你的抱怨只會遮蔽晚霞原有的燦爛。

有一天，某個農夫的驢子不小心掉進一口枯井裡，農夫絞盡腦汁，想不出方法把驢子救出來。最後，農夫只好決定放棄，為了減輕牠的痛苦，農夫請來左鄰右舍幫忙，想要把井中的驢子埋了。

鄰居們開始將泥土鏟進枯井中，第一鍬土落入井裡的時候，驢子叫得很淒慘，牠知道自己的末日來臨了。但出人意料的是，過了一會兒，這頭驢子安靜下來了。農夫好奇地往井底看去，眼前的景象讓他非常驚訝：鏟進井裡的泥土落在驢子的背部，驢子的反應是將泥土抖落，然後站在鏟進的泥土堆上。

就這樣，驢子把人們鏟到牠身上的泥土全部抖落到井底，然後再站上去。慢慢地，這頭驢子得意地上升到井口，在眾人驚訝的表情中快步地跑開。

如果你像那頭不幸的驢子，不慎掉進井裡，你會怎麼辦？

追逐虛名的人，把幸福寄託在別人的言辭上；貪圖享樂的人，把幸福寄託在自己的感官上；不滿現實的人，把幸福寄託在不停的抱怨裡；有理智的人，把幸福安置在自己的行動中。

艾麗和米蘭達是某公司內勤部門的員工，有一天，她們被通知一個月之後必須離職，這對兩個年輕女孩來說，是一個沉重的打擊。

第二天上班的時候，艾麗的情緒還是很消沉，但是委屈讓她難以平靜下來。她不敢去和主管理論，只能向同事們抱怨：「為什麼要把我解雇？我一直盡最大的努力工作，這對我來說太不公平了！」同事們很同情她，不停地安慰她。第三天、第四天，艾麗依然不停地抱怨，同事們開始感到厭煩，只好裝作認真傾聽的樣子。艾麗只顧著抱怨，以至於耽誤自己的工作。

米蘭達在裁員名單公布以後，雖然哭了一個晚上，但是第二天上班，就和以往一樣，開始一天的工作。關係比較好的同事安慰她的時候，她除了表達感謝，並且誠懇地自我反省：「一定是我某些地方做得不好，所以在最後一個月，我要更努力地工作，這是一個讓自己反省的機會。」在離職之前的一個月中，她仍然每天非常認真地打字複印，堅守在自己的職位上。

一個月以後，艾麗如期離職，米蘭達卻從裁員名單中刪除，留了下來。內勤部門的主管當眾傳達總經理的話：「米蘭達的職位，誰也無可替代。像米蘭達這樣的員工，公司永遠不會嫌多！」

面臨困境的時候，不要抱怨命運，因為抱怨會讓自己的內心痛苦不堪，而且在怨天尤人的憤怒情緒中，只會把事情弄得更糟糕，再次錯過解決問題的機會。抱怨除了使自己對待別人的態度更惡劣以外，還會讓自己在正常的工作中一事無成。

一位偉人曾經說：「有所作為，是生活中的最高境界。抱怨是無所作為，是逃避責任，是放棄義務，是自甘沉淪。」不管我們遇到什麼境況，喋喋不休的抱怨註定於事無補，甚至會把事情弄得更糟糕。所以，用實際的行動來打破正在束縛你的桎梏，用行動為你的抱怨畫上一個完美的休止符。

第5課

處處有心皆教育

大自然是最好的老師

世界上沒有比大自然更好的老師，它可以給你無窮無盡的知識。可是非常遺憾，大多數孩子無法妥善利用它。**史特娜夫人認為，以大自然為主題，可以向孩子講述的有趣故事是無窮無盡的。同時，讓孩子接觸大自然，不僅可以使他們的身體健壯，而且精神也會變得旺盛。**

從小生活在農村的人都會有一種感覺，那就是：可以親密接觸大自然，可以叫得出許多植物和動物的名稱，知道它們的特性和用途。因為長期接觸和觀察大自然中的動物和植物，寫這個方面的作文也會具體而生動。可是生活在城市中的孩子卻不同，他們每天的生活幾乎被學習填滿了，放假的時候，也要參加許多才藝班，接觸自然的時間少，對動物和植物缺乏瞭解和觀察，如果老師安排這類作文，往往無話可說，即使寫出幾句也很乾澀，缺乏準確性和生動性。

不只是寫作文，親近大自然，本來是人類的本性。大自然之中的花草樹木、蟲魚鳥獸、山川河流、風霜雪雨，都可以引起孩子的好奇心，城市的孩子因為遠離大自然，很少呼吸新鮮空氣，與陽光、花草、動物的距離越來越遠，在家長過分呵護和溺愛下，在電視、音響、電腦製造出來的「狹小空間」中，逐漸失去親近大自然的本性。這猶如在動物園中長大的野生動物一樣，失去自然生態條件，就會失去許多野性和本能，性格也會變得孤僻。

史特娜夫人是著名的教育學家，她開創的「自然教育法」是幼兒早期教育的典範。史特娜夫人用這種教育方法，將自己的女兒維尼芙雷特培養成為「三歲開始寫詩，四歲用世界語寫劇本，五歲以前用八國語言表達思想，在音樂、美術、文史、數學方面才能超群，身心健康發展，富有愛心」的「神童」。

史特娜夫人不使用強迫的方式教育孩子，所有教育都是以遊戲或故事的形式進行。為此，史特娜夫人在當時建議，應該從改造不良少年的經費中拿出一些錢，把城市的孩子帶到郊外接觸大自然，就可以在一定程度上預防不良少年的產生。這個建議對於現今城市孩子的教育，也有積極的借鑑意義。

史特娜夫人經常帶女兒到郊外，利用實物向她講述各種有趣的故事，涉及動物學、植物學、礦物學、物理學、化學、地質學、天文學等幾乎所有的科學領域。看看她在書中的記載：

我們經常到郊外，摘下一朵花，拔下一棵草進行分析，砸碎一塊岩石進行觀察，窺視小鳥的窩，觀察小蟲的生活狀況……維尼芙雷特喜歡用顯微鏡觀察各種東西，並且寫出關於各種事物的極其有趣的散文。維尼芙雷特非常喜歡植物，採集的標本堆積如山。她運用世界語，收集世界各地的植物標本。還有壓花冊，也是透過懂世界語的孩子採集的生長在各地偉大人物和詩人墓地上的花以及古代戰場上的花，經過壓製而成，其中最珍貴的是《奧杜邦花冊》。眾所周知，奧杜邦先生從事研究的地區，是美國肯塔基州亨德森附近的樹林。這個壓花冊就是維尼芙雷特親自採集而製成，她在這個樹林中獲得關於大自然的各種知識。

剛開始的時候，她非常害怕青蟲，自從告訴她青蟲會變成美麗的蝴蝶之後，她就不害怕了。我還向她講述螞蟻和蜜蜂的生活規律，她對牠們的團體生活很感興趣。她也研究黃蜂和雄蜂的生活，寫出許多散文。

維尼芙雷特現在正在研究甲蟲，她說甲蟲有十五萬多種，她自己也要發現新的種類。她翻閱許多關於甲蟲的書，冬天在野外看不到甲蟲的時候，就到卡內基研究所看著標本進行研究。

史特娜夫人認為，讓孩子接觸園藝是一種很好的教育方法。她讓女兒從小開始接觸園藝、栽培花草和馬鈴薯。維尼芙雷特非常喜歡做這些事情，每天給它們澆水、鋤草，觀察它們的生長情況，感到非常高興和有趣。

每年夏天，她會帶女兒到山中過幾天野營生活，讓她在那裡研究自然，並且經常帶她到野外，在草叢中觀察野花和小蟲。草叢中有歌德所說的《草中小世界》，即各種小蟲組成的世界。

維尼芙雷特也養過小鳥，她有兩隻金絲雀：一隻叫菊花，一隻叫尼尼達。菊花是許多日本少女喜歡的名字，尼尼達是西班牙語「嬰兒」的意思。維尼芙雷特教導金絲雀各種技巧，牠們可以隨著小提琴歌唱，也可以站在手掌上跳舞。維尼芙雷特彈鋼琴的時候，小鳥會站在她的肩上，叫牠們閉上眼睛，牠們就會閉上眼睛；讀書的時候，叫牠們翻到下一頁，牠們就會翻到下一頁。

此外，她也飼養小狗和小貓。飼養這些動物的時候，為了調食、餵水，孩子必須高度注意，以培養她專注的精神，還可以培養孩子的慈愛之心。有些人認為，飼養動物是危險的，因為動物是傳染病的媒介，但是史特娜夫人認為，只要讓孩子注意，就沒有任何危險。

由於飼養金絲雀和小狗，維尼芙雷特對其他的鳥獸也產生興趣。她經常去動物園，研究各種鳥獸的生活狀況。結果，她首先寫出《我在動物園裡的朋友》這本書，後來又寫出《和我在動物園裡的朋友聊天》一書。

為了讓女兒對魚類感興趣，史特娜夫人在她的房間裡養金魚和鯽魚。美國國內的水族館，她幾乎都參觀過。對於礦物學、物理學、化學、地質學，也採用同樣的方法去教育。

為了讓女兒對天文學感興趣，史特娜夫人讓她看神話書，同時帶她參觀許多天文台，並且用望遠鏡觀看天體。為此，她與許多天文學家成為朋友。馬溫特・羅天文台的拉肯博士說，由於和維尼芙雷特交談受到鼓勵，才會寫出《在頭腦混亂之中》一書。

維尼芙雷特可以取得後來的成績，與母親的這種教育有很大的關係。大自然是最好的老師，我們應該認真向史特娜夫人學習，這樣教育孩子的效果會事半功倍。

生活處處是課堂

兒童的發展不可能脫離具體的生活，也不可能脫離生活的經驗。家長應該引導孩子把生活與知識連結起來，建立意義的聯繫，使孩子在生活中不知不覺地學到課堂上看來枯燥的知識，同時幫助孩子在生活中發現學習的樂趣和意義。

在許多家長和老師的眼中，課堂知識的學習和鞏固重於生活中的體驗和感悟，逐漸造成學生「懂」與「會」的分離、「會」與「行」的誤解，這是一種錯誤的見解。

為了讓孩子認識到學習的意義，學習應該回歸生活，解決實踐生活中的問題。

家長應該探究從生活中得來的問題，用生活來理解知識，努力使孩子體會到知識與世界萬物之間的密切聯繫。

「兩耳不聞窗外事，一心只讀聖賢書。」這是舊時代書齋學子的典型寫照。然而，如果現在的學習繼續這樣下去，只會讓孩子對學習越來越反感。

我們應該讓孩子的學習材料「生活化」、學習過程「生活化」、學習成果「生活化」。

史特娜夫人在培養女兒的過程中感覺到，在所有的學科中，沒有比數學更難於使孩子感興趣。儘管她曾經透過遊戲的方法很容易地教會女兒念數字，並且用做生意的遊戲很容易地教會女兒對錢的數法，然而教導女兒乘法口訣的時候，卻遇到麻煩：女兒有生以來第一次討厭學習。由此可見，就算是已經五歲的孩子，也是不喜歡死記硬背。儘管史特娜夫人把口訣編成歌詞讓女兒唱，女兒還是不喜歡。

史特娜夫人很擔心，有一次，她向芝加哥的斯塔雷特女子學校的數學教授——洪布魯克女士請教，洪布魯克女士一語道破問題所在：「儘管你的女兒對數學缺乏興趣，但絕對不是片面發展，是你的方法不對。因為你無法有趣地教數學，所以她也沒有興趣去學習。你喜歡語言學、音樂、文學、歷史，所以可以有趣地教這些知識，女兒也可以學得很好。可是數學，由於你不喜歡它，因此無法有趣地教，女兒也就討厭它。」這位傑出的女士十分熱情地教給史特娜夫人一套教數學的方法，史特娜夫人用這些方法教女兒數學以後，效果果然很好。

這位女士的建議首先是讓孩子對數字產生興趣，例如：把豆子和鈕扣裝入紙盒裡，母女兩人各抓出一把，看誰抓的多；吃葡萄等水果的時候，計算它們的種子；幫女傭剝豌豆的時候，一邊剝一邊數不同形狀的豆莢中各有幾粒。

史特娜夫人經常和女兒玩擲骰子的遊戲，最初是用兩個骰子玩，玩法是把兩個骰子一起拋出，如果出現六和四，就把六和四加起來得十分。如果出現二和四、三和三，就得六分，此時可以再玩一次，把這些分數記在紙上，玩五次或六次之後計算，決定勝負。

女兒非常喜歡這類遊戲。女兒獲得這種遊戲的樂趣之後，史特娜夫人仍然按照洪布魯克女士的建議，每次玩遊戲不超過十五分鐘。因為所有的數學遊戲都很花費腦力，超過十五分鐘以後就會感到疲勞。這個遊戲玩了幾個星期以後，她們又把骰子改為四個，最後玩到了六個。接著，她們把豆子和鈕扣分成兩個一組的兩組或三組、三個一組的三組或四組，把它們排列起來，計算各是多少，並且把結果寫在紙上，然後把這些做成乘法口訣表掛在牆上。這樣一來，女兒就瞭解二二得四、三三得九的道理。更複雜的遊戲可以以此類推地繼續下去，這樣不僅可以使孩子玩得十分高興，也可以把很多學到的數學知識加以應用，對所學的知識加深印象。

為了使女兒把數學知識運用於實際，史特娜夫人經常和她玩模仿商店買賣情景的遊戲。所賣的物品有用長度計算的，也有用數量計算的，還有用分量計算的。價格是按照實際的價格，錢也是真正的貨幣。史特娜夫人經常到女兒創辦的「商店」買各種物品，用貨幣支付，女兒也按照價格進行計算，並且找零錢給媽媽。女兒學習努力、工作積極、幫忙做家事的時候，史特娜夫人就會付她錢。女兒不斷地從雜誌社和報社領取稿費，然後把這些錢用自己的名字存入銀行，並且計算利息。不久，女兒就對數學產生濃厚的興趣。

為孩子創造聲色世界

很多家長認為智力是天生的，事實上，很多研究證明，兒童早期的智力培養，決定其日後的智力發展，但是現在很多家長無法真正地開發兒童的早期智力。我們以與孩子談話為例，如果父母可以認真和孩子談話，就會對孩子的智力發展產生很大的幫助。但是現在很多家長很少跟孩子說話，孩子詞彙不足，表達能力和理解能力就會受到限制。有些家庭習慣不跟孩子說完整的語句，表達也沒有條理，甚至在吵鬧中生活。這樣一來，孩子的語言能力無法得到應有的發展，進而影響孩子的智力發展。

史特娜夫人這樣描述自己對孩子的早期教育：「我從訓練五官開始對女兒進行教育，首先使她學會使用耳、目、口、鼻，因為這些能力只能在使用中逐漸發展，所以必須盡早有目的地對孩子的五官進行訓練。」首先應該訓練耳朵的聽力，因為對嬰幼兒來說，最重要的是聽到母親輕柔悅耳的歌聲，史特娜夫人由於自己不會歌唱，因此對孩子朗讀詩歌，她朗誦的是《艾尼亞斯紀》，這是維吉爾的詩，結果發現效果很好。她輕聲地朗讀的時候，女兒很快安靜下來，然後就睡著了。後來，史特娜夫人在其他孩子的身上試驗這個方法很多次，效果都很好。

女兒出生六個星期，史特娜夫人就開始為她朗讀英文詩歌。她發現，隨著語調的變化，孩子也相應地有所反應。史特娜夫人熱愛音樂，把顏色和音樂結合在一起，開發女兒的感官能力。她把七度音分別標以不同顏色，在牆壁上用許多鏡子製造出美豔的虹光，教導她彈奏樂器。維尼芙雷特十多歲的時候，自己可以譜曲，自娛自樂，陶冶品格。為了使孩子辨認節奏，她教導女兒和著詩歌的音律跳舞。舞蹈可以塑性強身，也可以增強女兒對於文學和音樂的通感才能。

史特娜夫人也向老威特學習，注重房間雕刻品和裝飾畫的布置，並且為孩子添置顏色鮮豔的玩具，發展孩子的色彩感覺。對色彩高超的敏感度，與一個人的文學潛能有直接關係。擅長繪畫的母親熱愛色彩，會讓孩子受益良多。

史特娜夫人為了開發孩子的色彩感，幫女兒買來一個特別的玩具，就是用來檢查色盲的「測驗色系」，它可以玩許多遊戲。她特別希望那些男孩的母親可以購買這種玩具，因為男孩的觸覺和色彩感比女孩遲鈍，如果沒有從小進行積極開發，他們的色彩感會處於非常遲鈍的狀態。

女兒還有許多小球和木片，這些玩具五顏六色，非常適合孩子玩耍，她的玩偶都穿著色彩鮮豔的服裝。史特娜夫人就是利用這些玩具，盡力開發自己女兒的色彩感覺。

蠟筆也是不可缺少的工具。史特娜夫人經常和女兒玩一種「顏色競賽」遊戲，遊戲是這樣進行的：

她先在一張紙上用紅色蠟筆畫一條三公分的線，然後讓女兒用蠟筆平行畫出一條同樣的紅色線，接著她用蠟筆在自己的紅色線之後接上一條青色線，再讓女兒模仿自己用青色蠟筆畫出一條線，遊戲就這樣進行下去。如果女兒沒有用和自己線條相同顏色的蠟筆，女兒就算輸了，遊戲結束。

為了發展孩子的色彩感覺，史特娜夫人在女兒可以走路的時候就帶她出去散步，使她注意周圍事物的顏色，例如：海水、樹林、天空的不同色彩。

女兒出生六個星期，爸爸買來一些紅色的氣球，他們把氣球綁在她的手腕上，氣球就會隨著雙手的擺動上下飄舞。之後，他們每個星期換上另一種顏色的氣球，這個遊戲可以使孩子得到紅的、綠的、圓的、輕的這些概念。

史特娜夫人對女兒進行訓練，沒有任何勉強的成分。因為她知道孩子的天性，父母的目的是要使孩子的潛能得以發揮。她進行各種引導，就是為了不使女兒的某種潛在素質被埋沒。與此同時，孩子在這樣的教育中，有一些事情可以做，不會因為閒得無事犯下常見的毛病，例如：咬手指頭、哭鬧。

以上感官的開發，使維尼芙雷特在學習知識以前已經蓄勢待發，正式開始學習語言和其他知識的時候，就會如魚得水。

—第6課—

很多「不幸」，只是我們的錯覺

問題的關鍵，不是我們不夠完美

有些人經常說：「討厭自己的性格！」「自己怎麼這麼笨！」「我長得太矮了！」類似的聲音不絕於耳。**一個人追求完美沒有錯，可怕的是追而不得以後的自卑與墮落。**

完美主義的人不願意接受自己或是別人的缺點，非常挑剔。有些人沒有朋友，和誰都合不來，經常換宿舍，為什麼？因為他瞧不起任何人，甚至因為別人的缺點而忽略別人的優點；有些人不允許自己在公共場合說話的時候緊張，更不能容忍自己緊張的時候不自然的表情，說話的時候拼命克制自己的緊張，結果更緊張，形成惡性循環；有些人不允許自己的身體有任何不舒服，懷疑自己罹患重病，經常去醫院檢查。

完美主義的人表面上很自負，內心深處卻很自卑。因為他們很少看到優點，總是關注缺點，總是不知足，很少肯定自己，沒有機會獲得信心，於是經常自卑。

如果完美會更好，可是問題的關鍵也許不是我們不夠完美。在這個世界上，沒有什麼會達到完美的境地，所以不必設定荒謬的完美標準來為難自己。只要盡力挖掘自己的潛力，打造自己的魅力，就是很大的成功。

即使是中國古代的四大美女，也有各自的不足之處。人生確實有許多不完美之處，每個人都有一些缺憾，真正完美的人是不存在的。只要把「缺陷」這塊堵在心口上的石頭放下來，充分發揮自己的長處，也可以贏得精彩人生。

奧利弗・溫德爾・霍姆斯認為羅斯福「智力一般，但是極具人格魅力」。羅斯福可以當上美國總統，帶領美國度過經濟蕭條時期，在第二次世界大戰中成為真正的贏家，與他積極樂觀的性格有極大的關係。

羅斯福小時候是一個怯懦的孩子，在課堂上被叫起來背誦的時候，總是一副大難臨頭的樣子，呼吸急促，嘴唇顫抖，聲音含混不清，聽到老師讓他坐下，簡直如獲大赦。像羅斯福這種先天稟賦比較差的孩子，大多是敏感多疑、孤僻高傲，但是他不甘心做一個生活的失敗者，他沒有因為同學的嘲笑而失去勇氣，他在公眾面前雙唇發抖的時候，總是暗中激勵自己，咬緊牙關，盡力克服這個缺點。

羅斯福是一個瞭解自己、敢於面對現實的人，他坦然承認自己的各種缺陷，承認自己不勇敢、不好看，也不比別人聰明，但是他沒有因此而消沉自卑，只要是他察覺到的缺點，他都會盡力克服，用行動證明先天的缺陷不會阻礙自己走向成功。他深知作為一個總統，在公眾心目中的形象有多麼重要，他學會在說話的時候改變口形以修飾自己的暴牙。

情商高的人，不僅可以坦然面對自己的缺陷，而且可以把自己有限的天賦發揮到極致，這就是羅斯福給我們的啟示。人生確實有許多不完美之處，但是我們可以選擇走出不完美的心境，而不是在「不完美」裡哀歎，也不是去追求所謂的完美。

「最完美的商品只存在於廣告中，最完美的人只存在於悼詞中。」完美永遠是可望而不可即。我們不再注意自己是否完美的時候，或許有一天，我們會驚喜地發現往日渴求的完美，今日已經具備。

每一秒，我們都有選擇的權利

「我別無選擇。」一個家庭貧寒的年輕人輟學打工，別人問他為什麼愁眉深鎖的時候，他這樣回答。

「不，這是一個巨大的誤解。每一秒，我們都有選擇的權利！」

在歷史上，很多人都是輟學之後自學成才。美國偉大的政治家、科學家、思想家富蘭克林，早年在印刷廠當學徒；華人企業家李嘉誠全家搬到香港的時候，父病家貧，他也是利用跟別人做學徒的空餘時間學習而逐漸成才。由於外在條件而給自己做出結論「別無選擇」的人，是軟弱的人。

我們的人生有許多定義，每個人因為站在不同角度去體驗人生，所以從中得出關於人生的定義，也各有殊異。然而，有一點是相同的——人生即是選擇。

一位作家曾經寫過一篇文章：記得小時候，農村水果十分稀有，經常和年齡相仿的孩子們，三五成群地爬樹摘野山栗、紫桑葚之類，以解口頭之饞。每次爬樹的時候，都會出現相似的情況：剛開始，每個人都是從一棵大樹下往上爬，可是越往上爬，樹的分杈越多，各人為了多採一些果實，就會選擇不同樹枝。結果，起點完全相同的孩子們，各自爬到不同的方向和高度上，有些人站在又高又穩的主幹枝頭上，有些人蹲伏在搖擺不定的側枝上，有些人停留在樹杈之間……下來的時候，有些人滿載而歸，有些人有所收穫，有些人寥寥無幾。

現在想來，小時候的爬樹，與人生的歷程是何其相似？我們經常不知不覺地走到十字路口，讓我們必須做出選擇，正是許多的選擇，決定我們現在的社會位置和人生狀況。

人生就像一條曲線，無法選擇起點和終點，但是起點和終點之間卻充滿許多選擇的機會。

在人生的旅途上，每個人都應該做出這樣的選擇：任憑別人擺布還是堅定自強，要讓別人推著自己走，還是駕馭自己的命運，控制自己的情感。許多人的生活就像秋風捲起的落葉，漫無目的地飄蕩，最後竟然停在某處乾枯腐爛。

為了促進自己的成長，獲得自己的幸福，我們必須學會駕馭生活：自己選擇服裝，自己選擇朋友，自己選擇工作。有些選擇嚴峻地出現在前途未卜的十字路口，這是人生決定性的時刻。決定性的選擇，需要果斷和勇氣。**這種果斷和勇氣，有猜測和賭博的成分，但更多的是來自知識和智慧的判斷。**

每個人都會面臨許多危機，例如：信仰危機、事業危機、感情危機。在危機之中，正確的選擇和改變，會使我們累積一種新的力量，重新面對世界。每個人的身上，都有一種十分強大的力量，如果你無法發現它，它就會處於冬眠狀態，使你在人生的路途中無法表現自身的創造力，無法實現你的人生追求與夢想。雖然選擇的權利在你的手中，但是很多人沒有使用這個權利，也許這就是他們活得碌碌無為的主要原因。

拿破崙選擇當時法國革命最可以展現才華的軍事指揮，才使自己從一個科西嘉孩子成為一代偉大的統帥；比爾・蓋茲因為選擇開創個人電腦時代，才使這個只讀過一年哈佛大學的學生成為世界首富。不是有才華就可以成功，許多有才華的人不是成功人士，這在很大程度上，是因為他們沒有選對發揮自己才華的舞台。

你可能覺得自己沒有選擇的權利就被迫去學習，你可以選擇快樂地學習還是痛苦地學習。你可能覺得自己沒有權利選擇出生的家庭，你可以選擇和家人相互關愛還是相互埋怨——你有很多選擇的權利，只是沒有真正認識到。

想要實現自己的人生價值，就要善加利用自己選擇的權利，因為只有選擇才會給你的生命不斷注入熱情，因為只有選擇才可以讓你擁有掌握人生命運的偉大力量，因為只有選擇才可以把你的美好夢想變成輝煌的現實。

無人可以預測人類的潛能有多大

美國知名學者奧圖博士曾經說：「人類的大腦就像是一個沉睡的巨人，我們只用了不到一%的腦力。」一個正常人的大腦記憶容量大約是六億本書的知識總量，相當於一部大型電腦儲存量的一百二十萬倍。如果人們發揮其一小半潛能，就可以輕易學會四十種語言，記憶整套百科全書，獲得十二個博士學位。

根據研究，即使是世界上記憶力最好的人，其大腦的使用也沒有達到其功能的一%。人類的知識與智慧，迄今仍然是「低度開發」！我們的大腦就像一個無盡的寶藏，只要我們努力運用潛意識的力量，成功就會比想像的更容易。運用潛意識來開發無限的潛能，就像用一把萬能鑰匙打開未來之門，將會帶給你無限的挑戰和驚喜。思想和精神等潛意識，就是人類取之不盡、用之不竭的巨大寶藏，是偉大的造物者賦予人類的珍貴無比的財富。

著名心理學家佛洛伊德將人類的意識分為意識和潛意識，意識是指人們在清醒狀態的時候對自己的思維、情感、行為所能察覺的內容；潛意識是指隱藏在意識層面之下的感情和欲望等複雜體驗，因為受到意識的控制和壓抑，潛意識是個體不容易察覺的意識。

潛意識會依照我們心中想像的畫面構成真實事物。潛意識無法分辨事情是真是假，如果被接受，它終究會變成事實。只要有明確畫面進入潛意識，潛意識就會想盡辦法把這個畫面轉為事實。只要我們給予潛意識一個畫面，它就會努力將這個畫面實質化。

如果你的潛意識中充滿悲觀和絕望，就會影響到你自身的行動，帶給你消極失敗的結果。如果可以積極地運用潛意識，就會達到意想不到的效果，甚至創造出奇蹟。

耶茲太太由於心臟不好，一年多以來，躺在床上不能動，一天要在床上度過二十二個小時，最長的路程是從房間走到花園去做日光浴。即使是那樣，也要依靠女傭的攙扶才可以走動。

但是後來她卻重新恢復健康，她說：

「當年，我以為自己的後半輩子就是這樣臥床了。如果不是日軍轟炸珍珠港，我永遠無法再真正生活了。」

「發生轟炸的時候，一切都陷入混亂。一顆炸彈掉在我家附近，震得我跌下床。陸軍派出卡車去接海軍和陸軍軍人的妻兒到學校避難，紅十字會的人打電話給那些有多餘房間的人。他們知道我的床旁邊有電話，問我是否願意幫助聯絡中心。於是，我記錄那些海軍和陸軍軍人的妻兒現在留在哪裡，紅十字會的人會叫那些丈夫們打電話來我這裡找他們的眷屬。」

「很快，我發現我的丈夫是安全的。於是，我努力為那些不知道丈夫生死的妻子們打氣，也安慰那些寡婦們——許多妻子失去丈夫。這次陣亡的官兵共計兩千一百一十七人，另有九百六十人失蹤。」

「開始的時候，我躺在床上接電話，後來我坐在床上。最後，我越來越忙，非常興奮，忘記自己的疾病，下床坐在桌邊。因為幫助那些比我的情況更慘的人，使我完全忘記自己，我再也不必躺在床上，除了每天晚上睡覺的八個小時。我發現，如果不是日本偷襲珍珠港，我可能下半輩子就是一個廢人。我躺在床上很舒服，總是在消極地等待，現在我終於知道，那個時候潛意識裡的我已經失去復原的意志。」

正是因為珍珠港事件，在潛意識引發耶茲太太強烈的求生欲和愛心，這種積極的力量使她最終戰勝病魔，重新站起來。由此可見，潛意識的力量是多麼的巨大。

但是現在我們對於潛意識的開發只是冰山一角，就算是像愛因斯坦、達文西、愛迪生這樣卓越的天才，也只是運用他們的潛意識不到二%的力量。**潛意識大師墨菲博士說：「我們要不斷地用充滿希望與期待的話語與潛意識交談，潛意識就會讓你的生活狀況變得更明朗，讓你的希望和期待實現。」**

生命是有限的，潛能是無限的，只要我們不斷地認同自己、肯定自己，並且有意識地開發自己的潛能，我們就可以做得更好！所以，不管聰明才智的高低、成功背景的好壞，也不管理想有多麼高不可攀，只要善加利用這股潛在的能力，任何人都可以將自己的願望在現實的生活中實現。

潛意識如同一部萬能的機器，任何願望都可以實現，但是必須有人來駕馭它，這個人就是你自己，只要你有心控制，讓良好的印象或暗示進入潛意識就可以。**只要我們不被負面的事物支配，選擇有積極性、正面性、建設性的事物，就可以掌握自己的命運。**

方法比選擇更重要

我們無一例外地被父母和老師教導過，做事要有恆心和毅力，例如「只要努力，就可以達到目的」等說法，我們已經十分熟悉。你如果按照這樣的準則做事，就會不斷地遇到挫折和產生罪惡感。由於「不惜代價，堅持到底」這個教條的原因，那些中途放棄的人，經常被認為是「半途而廢」，讓周圍的人失望。

正是因為這個教條，使我們即使有捷徑也不走，去簡就繁，並且以此為美德，加以宣揚。其實，這是傳統思想讓我們產生的一個誤解。「頭懸樑、錐刺股」的故事，只是在告訴孩子們要刻苦學習，但是學習不是依靠刻苦就會有效果，**要知道：成功的背後，方法才是最重要的。**

一個女孩最近在減肥，她一直認為發胖是因為吃的食物太多造成的，所以從決定減肥的時候就開始節食。她很有毅力，每天的主食不超過一百公克，其餘皆用水果、蔬菜來填補。然而，兩個月之後，她的脂肪就像捨不得離開她一樣，牢牢地附在她的身上，可是由於營養不良，她變得非常虛弱，爬三層樓梯都會氣喘吁吁。

儘管這樣，她仍然認為是自己堅持的時間太短，又過了一個月，情況還是那樣。無奈之下，家人把她送到醫院，徵求醫生的意見。醫生告訴她，減肥要講求方法，不能只是依靠節食，還要結合運動，並且保持心情舒暢。

女孩聽了醫生的話，意識到曾經的「堅持」都是無謂的。按照醫生教導的方法，她每天堅持鍛鍊，適當節食，並且透過聽音樂等方式讓心情愉悅。現在，她已經取得很大的成效。

不只減肥要講求方法，無論做任何事情都要講求正確的方法。

在我們的學習和生活中，類似的例子屢見不鮮。父母對孩子說：「再努力一些！」老師對學生說：「堅持到底！」這些建議都有一個漏洞，就像有人曾經問一位高爾夫球選手：「我是不是要多做練習？」高爾夫球選手卻回答：「不，如果你沒有先掌握揮桿要領，再多的練習也沒有用。」**所以，正確的方法往往比執著的態度更重要。**

為學習設定目標是一件很重要的事情，我們經常會設計一套學習方案，並且執著地依照這套方案行事，完全忘記根據形勢的變化而更換方案。其實，頭腦稍微地轉動，選用正確的方法，就可以獲得更好的結果。就像肯・富奇辭去美國電話與電報公司的業務員工作，改當顧問，有一段時間，大概是因為剛進入新行業，他變得十分散漫，工作的時候經常狀態不佳，耽誤許多業務。他非常痛苦，決定養成一個可以一直保持下去的習慣。

此時，有人建議他每天早上走到樓下辦公室的時候，打扮得就像要去外面的公司上班一樣。這樣做顯得專業，隨時做好準備突然有人來邀請他與客戶見面，以及讓自己的心理處在工作狀態中。後來他發現，這確實是一個很好的工作方法。

還有一個有趣的故事，更可以說明問題：

有一個德國的設備生產商，生產一套高科技的香皂生產線。只要機器啟動，從香皂成型到最後的包裝都可以順利完成。一家美國的公司和一家日本的公司同時引進這條生產線，但是使用一個星期以後，兩家公司都發現一個問題：在每一千個香皂盒中，有一兩個是空的。

美國的公司迅速召開會議，成立專門的研究小組，以解決這個問題。半年之後，他們終於研製出一種精密設備，可以透過紅外線探測到生產線中哪些是空盒，然後由機器人將其取出。他們研究這個項目花了巨額費用，於是決定轉手賣給日本的公司，以節省成本。結果，他們知道日本公司的解決之道以後，差點當場暈倒！

原來，日本的公司發現這個問題之後，立刻要求員工們想辦法解決。員工們去市場上買了幾台風扇，對著香皂裝箱的生產線吹，空盒就被吹下來了。

雖然是一則笑話，卻說明解決問題的關鍵，有時候不是在於態度和決心，而是在於方法。在生活和工作中，不可能總是一帆風順，遇到難題的時候，不要墨守成規地思考，而是要多動腦筋，看看自己努力的方向是否正確。

第7課

心靈在修行

職場就是道場

禪宗大師們認為，吃喝拉撒無非修行，砍柴燒水也可以成佛——這些革命性的思想一直影響至今。如果你每天都在工作，實際上，你也是在修行。

日本人靈活運用中國的禪文化，把禪文化的精神充分地融入自己的文化中。實業家鈴木正三提出一個重要的理念：職場就是道場。

道場有很多別名，一稱「選佛場」，讓凡夫俗子進去，在他們之中選出開悟的佛；或是稱為「冶烘爐」，把自己的身體和心理扔到「火爐」中，承受許多規矩的約束和師父的棒喝鍛鍊，戰勝來自身體和心理的各種障礙，最後脫胎換骨。

職場，就是我們的「選佛場」，就是我們的「冶烘爐」。

如果企業中所有的員工可以在每天的工作中修行，將每時每刻當作是修練自己、提升自己的機會，所有的煩惱、痛苦、困難、壓力，就會成為提升自己、超越自己的動力。

一九七〇年代中期，日本的索尼彩色電視在日本已經很有名氣，但是在美國卻不被顧客接受，因而索尼公司在美國市場的銷售相當慘澹，但是索尼公司沒有放棄美國市場。後來，卯木肇擔任索尼公司國際部部長，上任不久，他被派往芝加哥。卯木肇風塵僕僕地來到芝加哥的時候，讓他感到驚訝的是，索尼彩色電視竟然在當地的商店裡蒙滿了灰塵，無人問津。

如何才可以改變這種既定的印象，改變銷售的現狀？卯木肇陷入沉思……

一天，卯木肇開車去郊外散心，在歸來的路上，他注意到一個牧童正在趕著一頭公牛進牛欄，公牛的脖子上繫著一個鈴鐺，在夕陽的餘暉下叮噹叮噹地響著，一大群牛跟在這頭公牛後面，溫順地魚貫而入……此情此景，讓卯木肇茅塞頓開，他一路上吹著口哨，心情非常愉快。一群龐然大物竟然被一個小孩管得馴服順從，為什麼？因為牧童牽著一頭帶頭牛。索尼公司如果可以在芝加哥找到一家「帶頭牛」商店率先銷售，不是很快就可以打開局面嗎？卯木肇為自己找到打開美國市場的鑰匙而興奮不已。

馬歇爾公司是芝加哥最大的電器零售商，卯木肇最先想到它。為了盡快見到馬歇爾公司的總經理，卯木肇第二天很早就去拜訪，但是他遞進去的名片卻被退回來，原因是總經理不在。第三天，他特地選擇一個總經理可能比較有空的時間去拜訪，得到的回答卻是「外出了」。他第三次拜訪，總經理終於被他的誠意感動而接見他，但是拒絕銷售索尼公司的產品。總經理認為索尼公司的產品降價拍賣，形象太差。卯木肇非常恭敬地聽著總經理的意見，表示要立刻改變產品的形象。

回去以後，卯木肇立刻從商店取回貨品，取消削價銷售，在當地報紙上重新刊登廣告，重新塑造索尼公司的形象。

做完這一切以後，卯木肇再次叩響馬歇爾公司總經理的門，聽到的卻是索尼公司的售後服務太差，無法銷售。卯木肇立刻成立索尼公司特約維修部，全面負責產品的售後服務工作；重新刊登廣告，並且附上特約維修部的電話和地址，註明二十四小時為顧客服務。

屢次遭到拒絕，卯木肇還是癡心不改。他規定每個員工每天撥五次電話，向馬歇爾公司詢購索尼彩色電視。馬歇爾公司被接二連三的電話搞得暈頭轉向，以致員工誤將索尼彩色電視列入「等待交貨名單」。總經理非常生氣，主動召見卯木肇，指責卯木肇破壞公司正常的工作程序。卯木肇笑顏逐開，曉之以理、動之以情地對總經理說：「我幾次來拜訪你，是為了我們公司的利益，也是為了貴公司的利益。在日本國內最暢銷的索尼彩色電視，一定會成為馬歇爾公司的搖錢樹。」在卯木肇的巧言善辯下，總經理終於同意試銷兩台，開出的條件是：如果一個星期之內賣不出去，立刻搬走。

卯木肇親自挑選兩個得力幹將，把百萬美元訂貨的重任交給他們，並且要求他們破釜沉舟，如果一個星期之內無法把兩台彩色電視賣出去，就不要回公司了。

兩人果然不負眾望，當天下午四點，兩人就送來好消息：馬歇爾公司又追加兩台。至此，索尼彩色電視終於擠進芝加哥的「帶頭牛」商店。隨後，進入家用電器的銷售旺季，一個月以內，竟然賣出七百多台電視，索尼公司和馬歇爾公司從中獲得雙贏。

由於馬歇爾公司這隻「帶頭牛」開路，芝加哥的一百多家商店對索尼彩色電視群起而銷售，不出三年，索尼彩色電視在芝加哥的市場佔有率達到三〇%。

卯木肇在不斷地解決索尼彩色電視進入美國市場的許多障礙的時候，也提升駕馭市場的能力，提高工作業績的同時，也享受到工作帶來的樂趣。禪不是空洞無物的，而是落實在工作中的每件事情上。我們應該把禪的精神、禪的智慧融入工作中，在工作中表現禪的意境、禪的精神、禪的風采。

「職場就是道場」提倡人們在工作中鍛鍊自己的能力，磨練自己的心性，改造自己的世界觀，並且透過工作，使自己的思想境界得到昇華。如果一個員工可以把職場當作修行的道場，不僅表示能力的提升，也表示境界的超越，更表示心靈的快樂和幸福。

「飢餓思維」讓窮人更窮

成為富人是大多數人的夢想，實現這個夢想可以提高生活品質，實現自我價值，獲得人生更高層次的快樂和幸福。

也有許多人甘於貧窮。面對貧窮，他們可以找出許多理由，也可能編出一些例如「我平庸，我快樂」的謊言。

有一個人窮得要命，一個富人可憐他，想要幫他致富，就送給他一頭牛，囑咐他努力墾荒，春天撒下種子，秋天就可以脫離貧窮。窮人滿懷希望地開始奮鬥，可是過了幾天，牛要吃草，人要吃飯，日子比過去更艱難。於是他想，不如把牛賣了，買幾隻羊，先殺一隻吃，剩下的可以生小羊，長大可以賣更多的錢。

吃了一隻羊之後，小羊遲遲沒有生下來，日子又艱難了，忍不住又吃了一隻。窮人心想，這樣下去不行，不如把羊賣了買一些雞，雞生蛋的速度比較快，日子立刻可以好轉。

但是日子卻沒有改變。艱難的時候，他又忍不住殺雞，殺到只剩一隻雞的時候，窮人徹底崩潰了，心想，致富是無望了，不如把雞賣了，打一壺酒，一醉解千愁。

春天來了，富人送來種子，卻發現窮人醉臥在地上，依然一貧如洗。富人轉身離開，窮人繼續貧窮。

很多人就像故事中的窮人一樣，曾經有夢想，甚至有機會，有行動，但是最終無法堅持到底。是什麼造成窮人的「窮」？從物質上說，是錢！缺錢給窮人帶來深重的苦難，錢成為窮人生活的重心，成為一個巨大的誘惑，他無法不重視。

但是窮人更缺乏的是精神財富，因為貧窮使他們受到精神上的損害。然而，對金錢過分關注，就會忽視金錢以外的東西，結果窮人得到甚少，失去甚多，這就是「飢餓思維」。抓住一塊麵包就不肯鬆手，即使已經吃飽，還是忍不住囤積，害怕重新回到飢餓的日子。

窮人的眼光有限，往往就是在於思維的局限。

窮人缺錢，很容易陷入惡性循環。沒有錢，就無法有作為，只會為柴米油鹽操心；沒有錢，就不敢放棄手裡這塊麵包，追求更多更好的東西；沒有錢，就無法進入有錢人的圈子，只能在窮人堆裡生活。於是，窮人總是錯過機會，一生都在仰望別人，為別人的事業添磚加瓦。窮人的無奈，只有窮人自己可以體會，缺錢就沒有事業的基礎，缺錢就無法得到良好的教育，缺錢就無法進入上流社會……總之，缺錢的後果不僅是影響到生計，更重要的是影響到心計，影響到為人處世的方法，影響到自己的前途。但是仔細揣摩，缺錢只是人生困境的一部分，走投無路的人並非只有窮人。窮途末路的人，處於困境中的人，都會有窮人的沮喪和恐慌。

所以，只要你還有希望，還有夢想，還在滿懷熱情地奮鬥，就不能算是窮人。

窮人也有窮人的希望，窮人也有窮人的優勢。窮人擁有的東西，也許是富人缺少的東西。富不過三代，窮不過三代，世界總是在運行中達到平衡。所以，窮人不能放棄希望，窮人不能停止思考，窮人要知道窮的原因，要找到自己的出路。

永遠沐浴在熱情之中

真正的熱情是：相信自己所做的一切是有目的的。

堅定不移地去實現你的目的，你有火一樣燃燒的願望，它驅使你達到你的目標，直到你如願以償。

熱情是行動的信仰

海菲憑藉他的自信、他的堅持，贏得人生無數的勝利之後，他對於推銷這個工作充滿熱愛，不再懷疑自己當初是否適合做一個推銷員。現在，他確信自己很適合這份工作，而且憑藉自己的能力，一定會成為「世界上最偉大的推銷員」。為此，他總是滿懷熱情地迎接人生的每一天。他感覺到自己的變化，用快樂與自信代替自憐與恐懼。

他邁進新的一天時，有了三個新夥伴：自信、自尊、熱情。自信使他可以應付任何挑戰，自尊使他表現出色，熱情是自信和自尊的根源。

歷史上任何偉大的成就都可以稱為熱情的勝利。沒有熱情，不可能成就任何偉業，因為無論多麼恐懼、多麼艱難的挑戰，熱情都會賦予它新的含義。沒有熱情，人們註定要在平庸中度過一生；有了熱情，人們將會創造奇蹟。

在海菲的心中，熱情是世界上最大的財富，它的潛在價值超過金錢與權勢。熱情摧毀偏見與敵意，摒棄懶惰，掃除障礙。他認識到，熱情是行動的信仰，有了這種信仰，人們就會無往不勝。

英國一個小鎮上豎立著一座雕像，用來紀念英式橄欖球的起源。雕像是一個年輕男孩，急切地彎腰撿起地上的足球。雕像的底座刻著一句銘文：「他不顧規則，撿起球拼命向前跑。」

雕像和銘文敘述的是一個真實發生的故事。兩所高中正在進行一場激烈的足球競賽，距離終場只剩下幾分鐘，一個沒有經驗的男孩首次被換上球場。他求勝心切，忘記不可以用手觸摸足球的規定，彎腰撿起球，奮力往對方的球門猛衝。裁判和其他球員驚訝地愣在原地，觀眾卻被這個男孩的精神感動，起立鼓掌歡呼。

這個偶發事件就是橄欖球運動的起源。顯然這項新式運動不是經過長久討論研究而創生，而是因為一個熱情男孩的錯誤而誕生。

一個人熱情的能力，來自於一種內在的精神特質。你唱歌，因為你很快樂，在唱歌的同時，你又變得更快樂。熱情就像微笑一樣，是會傳染的。

一個人對於生活沒有熱情，沒有激情，他的生活是枯燥無趣的。

一個人對於工作沒有熱情，沒有激情，他的工作是沒有效率的。

一個人沒有熱情，沒有激情，他的人際關係是很糟糕的，沒有人願意跟一個沒有熱情的人在一起。

熱情會帶來力量，熱情會感染別人。

熱忱是幫助你成功的神奇力量

俄亥俄州克里夫蘭市的史坦・諾瓦克下班回到家裡，發現他最小的兒子提姆又哭又叫地猛踢客廳的牆壁。提姆第二天就要開始上幼稚園，他不願意去，就用這個方式表示抗議。按照史坦平時的作風，他會把孩子趕回自己的臥室，讓孩子獨自在裡面，並且告訴孩子最好還是聽話去幼稚園。由於已經瞭解這種做法無法使孩子開心地去幼稚園，史坦決定運用剛學到的知識：熱忱是一種重要的力量。

他坐下來想：「如果我是提姆，怎麼樣才會願意去幼稚園？」他和妻子列出所有提姆在幼稚園裡可能會做的事情，例如：畫畫、唱歌、交新朋友，然後他們就開始行動。史坦對這次行動做出生動的描繪：「我們在飯廳桌子上畫畫，我的妻子、另一個兒子鮑布和我自己，都覺得很有趣。過沒多久，提姆就來偷看我們究竟在做什麼事情，接著表示他也要畫。『不行，你要先上幼稚園去學習怎樣畫。』我以自己可以鼓起的全部熱忱，用可以聽懂的話，說出他在幼稚園中可能會得到的樂趣。第二天早晨，我起床以後就下樓，卻發現提姆坐在客廳的椅子上睡著。『你怎麼睡在這裡？』我問。『我等著去上幼稚園，我不要遲到。』我們全家的熱忱已經鼓起提姆的內心對上幼稚園的渴望，這一點是討論、威脅、責罵都不可能做到的。」

熱忱是一種狀態，誇張地說，就是你二十四小時不斷地思考一件事情，甚至在睡夢中仍然念念不忘。**這種專注對你的夢想實現來說很重要，它可以使你的欲望進入潛意識中，使你無論是清醒或是昏睡，都可以集中自己的心志，使你有獲得成功的堅強意志。**熱忱可以使你釋放出潛意識的巨大力量。一般來說，在認知的層次，一個普通人無法和天才競爭，但是大多數的心理學家都贊同一個觀點：潛意識的力量比意識的力量更大。也許你已經畢業奮鬥很多年，還是一個小角色，但是請相信自己，如果挖掘出潛意識的力量，就可以創造奇蹟。

如果你現在仍然受到怯懦、自卑、恐懼的襲擊，甚至被這些不正常心理擊倒，只能說明你還沒有發現和感受到熱忱的放射力量。其實，每個人的身上都有強大的潛力，只是並非每個人都知道，所以很多人的潛力沒有被發現和利用。如果你經常感到自卑、低估自己、對自己失去信心、缺少熱忱，請嘗試相信自己的健康、精力、忍耐力，嘗試相信自己具有強大的潛在力量，這種自信將會給予你極大的熱忱。

請記住：熱愛自己，就會幫助自己成功。

「十分錢連鎖商店」的創辦人查爾斯・華爾沃茲說：「只有對工作毫無熱忱的人，才會到處碰

壁。」查爾斯·施瓦布說：「對任何事情都沒有熱忱的人，做任何事情都不會成功。」

關於這一點，我們可以引用著名的保險業務員法蘭克·派特的一些話加以說明。以下是派特在他的著作中列出的一些經驗之談：

當時是一九〇七年，我剛轉入職業棒球界不久，遭遇有生以來最大的打擊，因為我被開除了。我的動作無力，因此球隊的經理有意要我離開。他對我說：「你這樣慢吞吞的，哪裡像是在球場混了二十年。法蘭克，離開這裡之後，無論你到什麼地方做任何事情，如果不提起精神，你永遠不會有出路。」

本來我的月薪是一百七十五美元，離開之後，我加入亞特蘭斯克球隊，月薪減為二十五美元。薪水這麼少，我做事當然沒有熱情，但是我決定努力嘗試。待了大約十天之後，一位名叫丁尼·密亨的隊員把我介紹到新凡。在新凡的第一天，我的人生有一個重要的轉變。

因為在那個地方，沒有人知道我過去的情形，我決定成為新英格蘭最有熱忱的球員。為了實現這個目標，就必須採取行動。

我一上場，就像是全身帶電。我強力地投出快速球，使接球的人雙手都麻木了。記得有一次，我以強烈的氣勢衝入三壘，那個三壘手嚇呆了，球漏接，我盜壘成功。當時的氣溫高達攝氏三十八度，我在球場奔來跑去，極有可能會因為中暑而倒下。

這種熱忱帶來的結果，真是讓人驚訝——我心中所有的恐懼都消失了，發揮出意想不到的技能；由於我的熱忱，其他的隊員也充滿熱忱；我不僅沒有中暑，在比賽中和比賽後，還感到從來沒有如此健康。

第二天早晨，我讀報的時候，興奮得無以復加。報紙上說：「那位新加入的派特，就像是一個霹靂球，全隊的人受到他的影響，都充滿活力。他們不僅贏得比賽，而且是本季最精彩的一場比賽。」

由於熱忱的態度，我的月薪由二十五美元提高為一百八十五美元，多了七倍。

在往後的兩年裡，我一直擔任三壘手，薪水加到三十倍之多。為什麼？就是因為一股熱忱，沒有其他原因。

後來，派特的手臂受傷，不得不放棄打棒球。接著，他到菲特列保險公司當保險員，一年多都沒有什麼成績，因此很苦悶。但是後來他又變得充滿熱忱，就像當年打棒球那樣。

最後，他成為保險界的明星。有人請他撰稿，有人請他分享自己的經驗。**他說：「我從事推銷已經三十年。我見到許多人，由於對工作抱持熱忱的態度，使他們的收入倍數地增加。我也見到另一些人，由於缺乏熱忱而走投無路。我深信，只有熱忱的態度，才是成功推銷的最重要因素。」**

所以，可以得出以下的結論：熱忱的態度，是做任何事情必需的條件。每個人都應該相信這一點。任何人，具備這個條件才可以獲得成功，他的事業才會飛黃騰達。

人生並非由上帝定局，你也可以改寫

儘管吉普賽女郎跟聖地亞哥說，他將會在埃及找到自己的寶藏，可是聖地亞哥不相信她，認為那只是她騙錢的一種手段。可是，他坐在公園的椅子上，拿出新換來的小說準備閱讀的時候，一個老人在他的旁邊坐下來，並且跟他聊天。

「附近的那些人在做什麼？」老人指著公園對面廣場上的人們。

「不知道。」聖地亞哥冷漠地回答。此刻，他只想一個人待著，看看小說，品嘗自己剛從商店裡買回來的葡萄酒，可是老人似乎沒有因為他的冷漠而停止跟他的對話。他對聖地亞哥說，他感覺很渴，因為天氣太熱了，而且他說了很多話。聖地亞哥把酒囊直接遞給他，心想：也許這樣做，老人就會停止說話。

可是，老人依然在他的身邊打轉，並且從他的手裡把書奪走。「你看的是什麼書？」聖地亞哥指著書的封面，卻沒有說話。他這樣做有兩個理由：一是他不會念那個書名；二是如果老人也不會念，就會尷尬地離開。

「嗯……」老人翻過來書的封面，「這是一本不怎麼樣的書，讀起來會很乏味。」他這樣說。

聖地亞哥很驚訝，他沒有想到老人也認識字，甚至看過這本書。如果這本書確實像老人說的那樣乏味，現在去書店再換一本其他有趣的書，也還來得及。

老人繼續說：「這本書跟其他的書幾乎沒有什麼差別，它想要讓你相信這個世界上最大的謊言，那就是：人們的命運都是上帝決定的，自己無法改變。」

「為什麼這樣說？」聖地亞哥很好奇。

「書中說，在人生的任何時候，人們都無法掌控自己的命運，只能聽從命運的安排，這是不正確的。雖然人們出生的時候已經擁有自己的角色，你可能是窮人的孩子，也可能是富家的少爺，可是這個角色不代表可以跟著你一輩子。很多優秀的人，儘管出生在窮人家裡，可是他們可以改變自己的命運，成為最大的富翁。也有很多生下來很富有的人，他們不珍惜自己擁有的東西，不停地揮霍，到了最後，可能還不如窮人，淪為乞丐。」

「可是這些事情沒有發生在我身上，我只是一個牧羊人。」聖地亞哥說。

老人看著他，語重心長地說：「我說的就是你啊，孩子。你現在是牧羊人，可是如果你去埃及，尋找到寶藏，你的命運就會發生翻天覆地的變化。你的人生也是由你自己決定的，不是開始決定的角色，你就要承擔到底。你要記住，開始的時候，你也不是一個牧羊人，所以最後，你仍然不會是一個牧羊人。」

聖地亞哥看著這個老人，想到自己那個關於寶藏的夢，心想：他怎麼知道我的夢境？難道這就是我的天命？改變自己的命運，找到那些寶藏，才是我真正的使命？

帶著這樣的困惑，聖地亞哥陷入沉思。同樣陷入困惑的，又豈止他一人？我們都在猜測自己的人生，想要知道自己到底可以做成什麼事情，從中獲得多少意外的收穫，可是生活就是這麼變化莫測，它已經為我們固定人生的角色，卻不告訴我們未來的方向，讓我們摸不到頭緒。**可是，有一點可以肯定，那就是：不管你現在充當生活中的什麼角色，你都沒有被固定。**只要你自己努力、用心，就可以改變自己的命運，重新建立自己的角色。

第8課

面對青春的情緒，情緒就會消解

不要害怕改變，沒有改變就沒有成長

數億萬年以前，恐龍曾經是地球上最強大、最活躍的物種之一，但是不知道什麼原因被滅種了，至今沒有一個科學家可以拿出確實的證據來證明。但是有些人曾經提出一個觀點：環境發生劇烈變化的時候，長期安於現狀的恐龍缺乏「應變」的能力，無法改變自己以適應環境的變化。

現實生活中，存在很多恐龍式的人，我們暫且稱之為「恐龍族」。

「恐龍族」不喜歡改變，他們安於現狀，沒有野心，沒有創新精神，沒有學習熱忱，不設法改進自己，不讓自己有機會進行更好的學習。「恐龍族」不願意承認改變的事實，不願意為自己製造機會，甘願接受運氣和命運的擺布。

在我們周圍，可以發現許多類似的人：他們的生活狀態不一定很好，可是也不算很差；他們的生活品質不一定很高，可是也不算很低；他們的人生說不上成功，可是也算不上失敗。他們一生最大的願望，就是可以保持自己目前的生活狀態。他們也想要冒險，使自己的人生更豐富多彩，但是他們又擔心如果失敗了，自己現在擁有的也會失去。也就是說，尋求一種生活的安全感，成為他們最高追求的人生目標。

隨遇而安，過著普通的生活也是一種人生，因為大多數人都是這樣度過的。但是，如果總是隨遇而安，把生活的安全感放在人生的首位，久而久之，就會產生一種惰性，機會來到面前也無法把握。

人們結伴去尋找一座嵌滿寶石的礦山，他們沿著道路前進的時候，突然前方出現一條河，擋住前進的道路。河水奔騰不息，頗有吞沒一切的態勢。礦山就在河的對岸舉目可見，但是面前的這條河卻使他們陷入困境。怎麼辦？

有些人不知道應該如何改變自己，只能在遠處眺望耀眼的寶石，望河興歎。有些人改變陸地行走的姿勢和習慣，學會了游泳，泅過這條河，到達寶石礦山。還有一些人臨河沉思，偶然看見一根圓木在河裡漂浮，於是產生變化的靈感，意識到圓木可以將他們帶到對岸，結果他們發明船，同樣到達礦山。

有時候，面對一些困難的問題，應該迫切改變的或許不是環境，而是我們自己。換句話說，就是有時候，我們不是找不到方法去解決問題，而是在問題面前，我們沒有真正做出努力。在改變自己的同時，我們就可以找到解決問題的方法。**面對環境的變化，我們要及時改變自己的觀點和思路，及時改變自己的生存方式，只有這樣，才有可能獲得成功。**

所以，不要害怕改變，沒有改變就沒有成長。如果大氣的成分不改變，就無法孕育出生命；如果季節不改變，就沒有開花結果的輪迴；如果我們不改變，就不會有成熟和進步。

環境的變化雖然對我們的命運有直接影響，但是任何環境都有可以發展的機會，抓住這些機會，利用這些機會，隨著環境的變化調整自己的觀念，就可以在社會競爭的舞台上開闢出一片新天地。

也許現在你面臨的問題看起來很嚴重，但是你成熟之後再回頭看它，就會覺得只是一件小事；也許現在對你而言是一個艱難的改變和突破的時刻，但是你成功之後再來回味人生，就會發現當時的狠心和決絕是多麼必要。

年輕的時候，對未知的世界心存恐懼是正常的，那些看起來鎮定自若的同齡人，他們的內心也和你一樣恐懼。在這樣迷惘的時期裡，誰可以讓自己盡早適應改變，誰就可以盡早地走入下一個階段的生活。

恐懼源自你孤立自己的內心

「我舉手發言，同學們一定會笑我像一個小學生；可是如果我不舉手，老師會覺得我這段時間沒有任何進步，但是我有一些想法想要說，但不是很成熟的想法……」一個準備在課堂上發言敘述自己對近代史的看法的少年，內心充滿矛盾和糾結。其實，這些想法的背後都是一種情緒——恐懼。

恐懼是動物的一種本能，我們看到獅子老虎的時候，我們不必思考，也會體驗到那種恐懼的感覺。死亡、疾病、自然災害、天敵的存在，讓我們潛意識中存在危機感。面對不確定的事情的時候，恐懼就會發揮作用。

在孩童的時候，可能我們害怕的東西比較少，但是隨著年齡的增加，我們對很多事情的認識一知半解的時候，恐懼感就會隨之增強。恐懼會摧殘我們的創造精神，消滅個性而使我們的精神機能趨於衰弱。如果懷有恐懼的心理，做任何事情都不可能有效率。**恐懼這個惡魔，從古到今，都是我們最可怕的敵人，是事業進步的破壞者。**

心態和思想隨著恐懼的心情而起伏不定的時候，做任何事情都不可能收到功效。秘密的法則展示給我們的是：在實際生活中，真正的痛苦沒有想像中那麼大。那些使得我們愁眉苦臉的事情，那些使得我們面無喜色的事情，實際上沒有發生，這些恐懼只是源自你孤立自己的內心。如果你可以想到自己不是一個人承擔這份恐懼，如果你相信自己決定解決問題的時候，會有很多人願意與你一起面對，你就不會覺得有什麼事情是無法解決的。

恐懼純粹是一種心理想像，是一個幻想中的怪物，讓我們感到恐懼和擔憂的九〇%的事情不會真正發生。與別人交往，打開自己封閉的世界，我們的恐懼感就會消失。如果我們被正確地告知，沒有任何臆想的東西可以傷害我們；如果我們的見識廣博到可以瞭解沒有任何臆想的東西可以傷害我們，我們就不會再感到恐懼。

在這個世界上，你不是孤單的一個人，許多人可以為你提供幫助和支持。如果你懂得運用學識、經驗、能力、影響力來消除自己內心的恐懼，成功就會來得更快，而且更有保證。

查爾斯是一所州立大學文學系的學生，他喜歡創作，在大學期間已經發表一百多篇文章，有評論時事的，有諷刺學校的，還有一些是他創作的短篇小說。畢業以前，老師指著一則徵人啟事說：「這家報社正在應徵編輯，你可以去試試看。」

其實，查爾斯也知道這家報社在應徵編輯，但是他對自己沒有信心。「老師，我不符合條件，他們要求的編輯，實際工作經驗必須兩年以上。」

老師笑著說：「你發表作品的時間不是已經超過兩年了，你一定沒有問題，記得帶著你的作品！」

查爾斯又說：「我想，很多人都知道這個消息，現在正是經濟危機的時候，報社可以挑選高材生，我覺得自己沒有任何競爭優勢。」

老師問：「你已經見過總編輯？你瞭解所有競爭對手的情況？」

查爾斯回答：「沒有。」

老師嚴肅地問他：「你到底在害怕什麼？」

查爾斯心想，最壞的情況就是自己被拒之門外，如果是那樣，就繼續找其他工作。於是，他帶著自己的發表作品去見總編輯，最後被破格錄用了。

許多時候，問題沒有想像中的那般巨大和恐怖。尚未嘗試的時候，已經做出結論：「我一定不行」，就會失去展示自我的機會。我們感到害怕的時候，與其向「恐懼」投降，不如理智地判斷，如果害怕無法產生任何作用（絕對是這樣的），就試著從心中消除恐懼、戰勝恐懼。

戰勝恐懼的力量，只在我們直接面對恐懼事物的瞬間產生。如果想得越多，潛能就會被自己封鎖，最後只會認為自己沒有抗拒恐懼的能力。所以，請打開自己的內心，相信自己。俄國作家屠格涅夫曾經說：「先相信你自己，然後別人才會相信你。」無論我們處於何種環境之下，只要改變恐懼的內心，不失去自信，就會有成功的希望。

焦慮除了讓時間流走以外，毫無用處

這個世界節奏太快，空氣中似乎瀰漫著緊張的氣息，我們的表情和行為充滿緊張。我們總是焦慮和不安，緊張已經像一張大網，延伸到我們的生活和工作之中。

事實上，我們確實處在一個前所未有的焦慮時代，但是不同於原始人因為自然和動物襲擊帶來的焦慮，我們的焦慮似乎更神秘。它看不見摸不到，模糊不清，難以形容，卻滲透到我們的身體和精神深處。我們總是試圖排除這些干擾，甚至進行反擊，卻無能為力，因為我們不知道自己在焦慮什麼。於是，它成為我們頭上的那片陰雲，我們走到哪裡，它就會跟到哪裡，給我們做的每件事情投下陰影。

就這樣束手無策，向我們的焦慮投降嗎？

當然不是！

吃阿斯匹靈、鎮靜劑、安眠藥就可以解決嗎？

當然也不是。藥物治療只能舒緩生理上的疾病，但是如果病由心生，藥物無法解決問題。它可能讓你暫時好受一些，但之後會是更嚴重的焦慮和憂鬱。你會逐漸對藥物產生依賴，直到最終藥物也無法解決問題。

真正可以戰勝焦慮的，是一種寧靜、沉著的心靈。

覺得自己的內心無法獲得平靜的時候，可以考慮將自己的內心倒空。「我現在什麼都不想，只感受自己心臟在跳動、血液在循環、我在呼吸……」可以去找專業的瑜伽師指導，他們可以幫助人們將自己的內心倒空。

倒空以後的內心，沒有恐懼、仇恨、不安全感、內疚、悔恨、罪惡感。經常問自己：「我現在感覺如何」，然後根據自己的感覺，進行心靈瑜伽。不要認為自己不必借助這樣的形式來達到寧靜，很多時候，儀式可以幫助我們確信內心。如果你消極地對待自己的焦慮，總是處於這樣的狀態，你只是在折磨自己，事情不會發生任何的改變。

一位商人的妻子不停地安慰在床上翻來覆去幾百次的丈夫：「睡吧，不要再胡思亂想了。」丈夫說：「幾個月以前，我借了一筆錢，明天就是還錢的日子。可是你知道，我們哪裡有錢啊！你也知道，借錢給我的那些鄰居們比蠍子更毒，我要是無法還錢，他們會放過我嗎？為了這件事情，我會睡得著嗎？」他又在床上繼續翻來覆去。

妻子試圖安慰他，讓他寬心：「睡吧，到了明天，總會有方法的，也許我們可以弄到錢還債。」

「不行了，沒有其他方法了！」丈夫喊叫著。

最後，妻子無法忍耐了，她打開房門，對著鄰居家高聲喊著：「你們知道，我丈夫欠你們的錢，明天就要到期了。現在我告訴你們：我丈夫明天沒有錢還債！」她跑回臥室，對丈夫說：「現在睡不著的不是你，而是他們。」

如果淩晨三點的時候，你還是感到非常憂慮，似乎全世界的重擔都壓在你的肩膀上：怎麼才可以考到滿分？怎麼才可以使嘮叨的媽媽改變對你的看法？考不上理想的高中、大學怎麼辦？……可憐！你的頭腦裡有許多煩惱和問題在滾轉翻騰，你彷彿永遠無法入睡。

不，你會睡著的，只要你採取一個簡單的步驟，對自己說一句簡短的話，說上幾遍，每次要深呼吸，放鬆。你要對自己說，心裡也要真的這樣想：「不要怕。」

深呼吸，一切由它去！睜開眼睛，再輕鬆地閉起來，告訴自己：「不要怕。」仔細想想這些有魔力的語句，而且要真正相信，不要讓你的內心彷徨在恐懼和煩惱之中。

但是，我們不能把憂慮與計畫安排混為一談，雖然二者都是對未來的一種考慮。如果你是在制定未來的計畫，這樣更有助於你現實中的活動，使你對未來有自己的具體想法與行動指南。憂慮只是因為往後可能發生的事情而產生的擔心，它是一種流行的社會通病，幾乎每個人都要花費許多時間為未來擔憂。憂慮既然如此消極而無益，既然你是在為毫無積極效果的行為浪費自己寶貴的時間，就必須改掉這個缺點。

請記住一點，世界上沒有任何事情值得憂慮，絕對沒有！你可以讓自己的一生在對未來的憂慮中度過，然而無論你多麼憂慮，甚至抑鬱而死，也無法改變現實。這是一個焦慮無處不在的時代，想要從焦慮中擺脫出來，只有先改變自己的狀態，這樣一來，生活才會更美麗！

青春的怒火，需要理性來澆滅

對於學習階段的人而言，現在正是完善自己的時候，除了豐富知識之外，更重要的是：有沉穩的情緒。一個人只有控制情緒，才可以發揮自己的才華，影響周圍的人。

一九三九年，德國軍隊佔領波蘭首都華沙，此時，卡亞和他的女友迪娜正在籌辦婚禮。卡亞做夢也沒有想到，他和其他猶太人一樣，在光天化日之下，被納粹推上卡車運走，關進集中營。卡亞陷入極度的恐懼和悲傷之中，在不斷的摧殘和折磨中，他的情緒非常不穩定，精神遭受痛苦的煎熬。

一同被關押的一位猶太老人對他說：「孩子，你只有活下去，才可以與你的未婚妻相見。記住，要活下去。」卡亞冷靜下來，他下定決心，無論日子多麼艱難，一定要保持積極的精神和情緒。

所有被關在集中營的猶太人，每天的食物只有一塊麵包和一碗湯。許多人在飢餓和嚴酷刑罰的雙重折磨下精神失常，有些人甚至被折磨致死。卡亞努力控制自己的情緒，把恐懼、憤怒、悲觀、屈辱拋在腦後，雖然他的身體骨瘦如柴，但是精神狀態很好。

五年以後，集中營的人數由原來的四千人減少到不足四百人。納粹把剩餘的猶太人用腳鐐鐵鍊連成一長串，在冰天雪地的隆冬季節，把他們趕往另一個集中營。許多人無法忍受長期的苦役和飢餓，最後死於茫茫雪原之上。在這個人間煉獄中，卡亞奇蹟般地活下來。他不斷地鼓舞自己，依靠堅韌的意志力，維持衰弱的生命。

一九四五年，盟軍攻佔集中營，解救這些歷經苦難、劫後餘生的猶太人。卡亞活著離開集中營，那位給他忠告的老人卻沒有熬到這一天。

若干年以後，卡亞把自己在集中營的經歷寫成一本書。他在前言中寫道：「如果沒有那位老者的忠告，如果放任恐懼、悲傷、絕望的情緒在我的心間瀰漫，很難想像，我還可以活著出來。」

卡亞用積極樂觀的情緒拯救自己，與他不同的是，許多人不停地抱怨命運不公平，自己付出辛勞的汗水，得到的卻是失敗和痛苦。有些人不理解他們的時候，就會感慨自己命運多舛，埋怨別人無法換位思考。每年因為這種情緒失控而做出終生後悔的事情的人，全世界不知道有多少！

個性直率的人雖然可愛，但是過度情緒化的人就會令人厭惡。總是將自己的想法理解為真理，這樣的人不僅帶給別人不快樂的情緒，也會錯失很多成長和進步的機會。**情緒化會讓別人認為你喜怒無常，不敢委以重任或是信任你，因為你顯得不夠成熟。**情緒化還會讓你失去判斷力，衝動之下說出錯話，做出錯誤的決定。

如何避免自己過於情緒化？首先需要你對自己有一個清晰的認識——你不是一個聖人，也不是唯一的主角，所以你必須接受有人可能忽略你的現實。此外，最重要的是增加自己的見識。越是短視的人，越會斤斤計較；越是博學的人，越可以用理性分析問題。

此外，我們應該關注並且重視對手和競爭者的意見。**法國作家拉羅希福可曾經說：「敵人對我們的看法，比我們自己的觀點可能更接近事實。」**

我們並非邏輯的動物，而是情緒的動物。我們的理性就像在狂風暴雨的情緒汪洋中的一葉扁舟。聽到別人談論我們的缺點，不要急於辯護，因為每個沒有頭腦的人都是這樣的。你因為惡意的攻擊而怒火中燒的時候，為什麼不告訴自己：「等一下……我本來就不完美。愛因斯坦也承認自己九九％是錯誤的，也許我至少也有八〇％的比例是不正確的。這個批評可能來得正是時候，如果確實是這樣，我應該感謝它，並且設法從中獲得益處。」

美國一家公司的總裁查爾斯・盧克曼曾經用一百萬美元請鮑伯・霍伯上廣播節目。鮑伯從來不看讚賞他的信，因為他知道不可能從中學到任何東西。福特汽車公司為了瞭解管理與作業上有什麼缺失，特地邀請員工對公司提出批評。無法理性思考的時候，請別人幫你分析是一個很好的方法，因為我們看別人的時候會比較客觀。

理性思考，是澆滅情緒怒火的「乾冰」。

第9課

不抱怨的世界，遇見更好的自己

生活本來就不公平

在我們生活的世界裡，很多人都認為公平合理是生活中應有的現象。我們經常聽到別人說：「這不公平！」「因為我沒有那樣做，你也沒有權利那樣做。」我們總是要求公平合理，發現公平不存在的時候，心裡就會不高興。要求公平不是錯誤的心理，但是如果因為無法獲得公平而產生消極情緒，抱怨這個世界，就要特別注意了。

實際上，不存在絕對的公平，想要尋找絕對的公平，就像尋找神話傳說中的寶物一樣，永遠也找不到。這個世界不是根據公平的原則而創造，例如：鳥吃蟲子，對蟲子來說是不公平的；蜘蛛吃蒼蠅，對蒼蠅來說是不公平的；豹吃狼、狼吃獾、獾吃鼠、鼠吃……只要看看大自然就可以明白，這個世界上沒有公平。颶風、海嘯、地震都是不公平的，公平只是神話中的概念。**人們每天過著不公平的生活，快樂或不快樂與公平無關**。

但是在生活中，我們經常會聽到很多抱怨：我的出身不好，我家裡沒有錢，我上學的學校不好，我的工作條件不好，沒有人賞識我……總是覺得自己的生活不盡如人意，整天抱怨。有時候，抱怨會產生連鎖反應，越是抱怨，倒楣的事情越是接二連三。

抱怨的時候，儘管可以從中獲得別人的同情，可是抱怨是一把「雙面刃」，也會帶來負面的影響。經常抱怨的人，不僅無法得到別人的同情，還有可能被別人排斥，因為他們已經聽夠了那些抱怨的言辭，再也不想在心理上遭受折磨。再者，抱怨就像是毒癮，經常跟抱怨的人在一起，自己的情緒也會逐漸地降低，失去對生活的熱情。沒有人願意自己的生活被別人的不良情緒影響，所以在人群裡，經常抱怨的人是最不受歡迎的人。

孔雀向王后朱諾抱怨：「王后陛下，我不是無理取鬧來訴說，你賜給我的歌喉，沒有一個人喜歡聽，可是你看黃鶯唱出的歌聲婉轉，牠獨佔春光，出盡風頭。」

朱諾聽到孔雀這麼說，嚴厲地對牠說：「忌妒的鳥兒，你看你的脖子四周，猶如一條七彩絲帶。你行走的時候，舒展的華麗羽毛，出現在人們面前，就像色彩斑斕的珠寶。你是如此美麗，你難道好意思去嫉妒黃鶯的歌聲嗎？和你相比，這個世界上沒有任何一種鳥可以像你這樣受到別人的喜愛。一種動物不可能具備世界上所有動物的優點。我們賜給每種動物不同的天賦，有些長得高大威猛，有些如鷹一樣勇敢，如鵲一樣敏捷；烏鴉可以預告未來之聲。所有動物彼此相融，各司其職。所以，我奉勸你去除抱怨，否則作為懲罰，你將會失去你美麗的羽毛。」

喜歡抱怨的人，向別人不斷地重複自己的不幸，起初可能還會有人同情，久而久之，會讓別人生厭。喜歡抱怨的人，不僅在事業上不斷地落後，在人際關係上也會越來越糟糕，導致自己更沮喪，覺得上天對自己不公平，瞭解自己的人為什麼這麼少？**世態炎涼的感覺，是你自己無形中造成的。**

面對生活，永遠不要憂慮，不要抱怨。如果我們一直向上看，生活積極樂觀，學習勤奮努力，就可以得到幸福。地底下的種子從來不懷疑，總有一天，它會破土而出。它從來不問自己，怎樣才可以突破壓在頭上的土層；它從來不抱怨成長的過程中遇到那些頑固的石頭和沙礫，而是不斷地把自己柔嫩的綠芽向上頂出，穿過石頭和沙礫，堅韌勇敢地生長，直到露出地面，長出枝葉，並且開花結果。

遇到困難的時候，不要怨天尤人，必須努力尋找突破困難的方法——這件事情為什麼這麼糟糕？問題出在哪裡？應該怎麼辦？怎麼解決可能出現的問題……虛心地向別人請教，尋求解決的方法，才可以不斷地向成功邁進。如果這樣做，成功也會不斷地光顧你。

少一分抱怨，多一分思考和努力，這樣的生活才會愜意。

畫家列賓和朋友在雪後去散步，他的朋友看見路邊有一片汙漬，顯然是狗留下來的尿跡，就用靴尖挑起雪和泥土把它覆蓋了。

不料，列賓發現的時候卻生氣了，他說：「幾天以來，我總是到這裡來欣賞這片美麗的琥珀色。」

我們總是抱怨生活不如意的時候，想想那片狗留下的尿跡。它是「汙漬」還是「一片美麗的琥珀色」，取決於你自己的心態。

置身不如意環境中的人們，停止抱怨這個世界的不公平，開始面對現實，把握機會充實自己吧！不要抱怨自己現在的境況，它們可能是不好的，既然無法使它們更好，只能珍惜既有的一切，從中發現出路和希望。**不重視現在，就不會有可以期待的未來。**

接受現實，是成熟的開始

世界上有很多東西不是完整的，這些很多的不完整造成人間的煩惱甚至是悲劇。例如：人類的壽命是有限的，不像傳說中描述的那樣可以得到永生。正是因為這樣的原因，很多人不甘心，總是想辦法改變這些事實。古代皇帝曾經到處尋找長生不老的秘方，可是到最後，還是無法逃脫宿命。

我們必須接受無法改變的現實。想要在自己有限的生命中做一些事情，首先應該認識到人生有限、時光飛逝的現實。

米利安在旁人眼裡，就像是一個怪物，因為她出生的時候罹患腦性麻痺，六歲之前全身的運動神經受到傷害，口水經常不停地向外流，也失去發聲說話的能力，但是米利安沒有讓這些外在的痛苦毀掉她的生活。小學二年級的時候，老師啟發她畫畫，她覺得自己可以在這個方面有所成就，於是開始作畫。中學畢業以後，米利安進入洛杉磯學院和加州州立大學研讀藝術。在付出比常人十倍百倍的努力之後，米利安獲得加州州立大學藝術博士學位，她的畫展也轟動全世界。

在一次演講上，一個學生問她：「博士，你從小就長成這個樣子，請問你怎麼看你自己？你難道從來沒有怨恨嗎？」

在場的很多人都責怪這個學生提出這麼讓人尷尬的問題，出乎眾人意料的是，無法說話的米利安嫣然一笑，在黑板上寫下幾行字：「我好可愛！我的腿很長很美！爸爸媽媽這麼愛我！我會畫畫，我會寫稿！我有一隻可愛的貓！上帝愛我……」最後，她以一句話做結論：「我只看我有的，不看我沒有的！」

不幸讓米利安從小懂得，身體上的缺陷是無法改變的，不如擁有一顆快樂的心。這樣的成熟與泰然，幾人能有？在現代社會中，殘酷的現實隨時存在。我們唯一應該做的就是接受已經發生的、不可改變的現實，並且從這個現實出發，再作另行考慮，而不是給自己許多假設和如果，或是心有不甘而想著要如何才可以回到過去。這樣做，既不能如你所願地回到過去，又會浪費你寶貴的時間，與其這樣，不如接受這個失敗的現實，然後開始新的生活。

一九七二年，新加坡旅遊局呈交給當時的新加坡總理李光耀的一份報告中說：新加坡沒有埃及的金字塔，沒有中國的長城，沒有日本的富士山，沒有夏威夷十幾公尺高的海浪，除了一年四季直射的陽光，什麼名勝古蹟都沒有，想要發展旅遊業，實在是巧婦難為無米之炊。

然而，李光耀在報告上批示：擁有陽光就足夠了！後來，新加坡利用一年四季直射的陽光，種花種草，很快發展成為世界上著名的「花園城市」，成為眾多遊客的目的地。直到現在，旅遊收入一直是新加坡經濟中的重要部分。

一個人的心中有陽光的時候，也就足夠了。正是因為如此，那些陽光的人更容易成功，這其中更是包含兩種智慧，正是這兩種智慧讓我們顯得成熟。

首先，是一種理解放棄的智慧。

放棄在很多時候都有一定的優勢，世界上的很多東西，不是我們想要得到就可以得到，我們需要適時地放棄。人生中要經歷無數次的選擇與放棄，不懂得適時地放棄，就不會看到更美麗的風景。

其次，不要總是追求完美。

完美在很多時候都是做人做事的最高理想、最高境界，可是向那個目標出發的時候，你會發現：現實不是你想像的那樣美好。「其實，完美本身就是一種不完美」，因為過多地苛求自己，不僅會影響自己的發展，使得自己過於勞累，心靈過於疲憊，在追求的過程中，也會讓別人感到同樣地勞累和疲憊。完美主義是一種枷鎖，扣在完美的身上作威作福。不要奢望「魚和熊掌兼得」的完美，有時候完美不等同於美麗，卻正好是缺憾的驗證。讓我們不能接受事實，也不能滿足於現狀，以至於減少很多成功的機會。

你可能沒有顯赫的家庭，沒有名校的學歷，沒有出眾的外貌……但是這一切都沒有關係，這是你的現實，是你不管怎樣都無法重新設計的，但是你還有無限的空間和足夠多的機會去改變這一切。如果你無法看清現實，如何努力改變這一切？

成功的人總是關注解決方案

一位名人說：「停止嘗試的時候，就是你完全失敗的時候。」欠缺勇氣和自信的人，經常與平凡、庸碌相伴為鄰。大多數的成功者敢想敢為，不甘於在問題和困難面前止步。他們始終堅定地走著，相信只要積極面對，就會想出解決方法。

有兩個年輕人外出打工，一個去倫敦，一個去多倫多。可是在候車廳等車的時候，他們都改變主意。因為鄰座的人議論說，倫敦人精明，外地人問路都收費；多倫多人質樸，看見沒有錢吃飯的人，不僅給食物，還會送衣服。

去倫敦的人想，還是多倫多好，賺不到錢也餓不死，幸虧車還沒有到，否則就會掉進火坑。去多倫多的人想，還是倫敦好，給人們帶路也可以賺錢，還有什麼不能賺錢？幸虧還沒有上車，否則就會失去一次致富的機會。

於是，他們在退票處相遇了，互相換票。原來要去多倫多的得到倫敦的票，要去倫敦的得到多倫多的票。去多倫多的人發現，多倫多果然好。他初到多倫多一個月，什麼也沒有做，竟然沒有餓著，不僅銀行裡的水可以免費飲用，而且商場裡歡迎品嘗的點心也可以免費享用。

去倫敦的人發現，倫敦果然是一個可以發財的城市，做什麼都可以賺錢：帶路可以賺錢，開廁所可以賺錢，弄一盆涼水讓人洗臉可以賺錢。只要想一些方法，再花一點力氣就可以賺錢。憑藉鄉下人對泥土的感情和認識，第二天，他在建築工地裝了十包含有沙子和葉子的土，以「花盆土」的名義，向不見泥土而愛花的倫敦人兜售。當天，他在城郊之間往返數次，就賺了幾十元。一年以後，憑藉「花盆土」，他竟然在倫敦擁有一個店面。

在走街串巷中，他又有一個新的發現：一些商店樓面亮麗而招牌骯髒，打聽以後才知道清潔公司只負責洗樓而不洗招牌。他立刻抓住這個機會，買了梯子、水桶、抹布，成立一個小型清潔公司，專門負責擦洗招牌。如今，他的公司已經有兩百多個員工，業務由倫敦發展到周邊城市。

一次，他坐火車去多倫多考察市場。在多倫多車站，一個撿破爛的人把頭伸進車廂，向他要一個啤酒瓶。一剎那，兩人都愣住了，因為幾年以前，他們曾經換過一次車票。

困苦和阻礙不可怕，可怕的是頭腦中的「墮落」。

生活中，許多平庸者、失敗者的悲哀，經常在於面對困境的時候缺乏足夠的智慧和勇氣，無法跳出習慣性的誤導，總是不自覺地在一條道路上前行。這些人只要想到改變，就會想到許多可能出現的困難，甚至是可怕的困難，於是距離成功越來越遠。其實，問題是打破習慣和觀念的最佳武器，它的無情和冷漠逼迫我們必須改變、必須尋找方法。

一八八三年，工程師約翰・羅布林雄心勃勃地意欲著手建造一座橫跨曼哈頓和布魯克林的橋樑。然而，橋樑專家們卻勸他這個計畫純屬天方夜譚，不如趁早放棄。羅布林的兒子華盛頓・羅布林——一個很有前途的工程師，也確信這座橋樑可以建成，父子兩人克服許多困難，在構思建橋方案的同時，也說服銀行家們投資該項目。

然而，橋樑開工僅幾個月，施工現場就發生災難性的事故。父親約翰・羅布林在事故中不幸身亡，華盛頓的大腦也嚴重受傷。許多人都以為這項工程會因此而泡湯，因為只有羅布林父子知道如何把這座橋樑建成。

儘管華盛頓・羅布林失去行動和說話的能力，他的思維還是和以往一樣敏銳，他決定要把他們花費很多心血的橋樑建成。一天，他的腦中突然一閃，想出一種用他唯一可以動的一根手指和別人交流的方法，他用那根手指敲擊他妻子的手臂，透過這種密碼方式，由妻子把他的設計意圖轉達給還在建橋的工程師們。整整十三年，華盛頓就這樣用一根手指指揮工程，直到雄偉壯觀的布魯克林大橋最終落成。

這個令人難以置信的奇蹟，蘊涵一個道理：腳無法到達的地方，眼睛可以到達；眼睛無法到達的地方，心可以到達。

我們經常聽到許多失敗的理由和藉口，有些人會說：「我本來就不認為它會行得通」，「我在開始之前就感到不安」，「我對這件事情的失敗不覺得驚訝」。他們大多採取「我暫且試試看，但是我想不會有什麼結果」的態度，結果最後導致失敗。「不相信」是消極的力量，你感到不以為然或是懷疑的時候，就會想出各種理由來支持你的不相信。**懷疑、不相信、潛意識會失敗的傾向，以及不是很想成功，都是失敗的主要原因。**

一個傑出的人，他的精神會永遠昂揚向上，因為他堅信：無論如何，方法總是比問題多。

負面訊息對我們毫無用處

在日常生活中，如果你可以確定自己是正確的，就要勇往直前，不要猶豫不決，也不要在意別人傳達給你的負面訊息。因為負面訊息除了增加你的顧慮、讓你變得動搖和抱怨之外，毫無用處。

一七九六年的一天，德國哥廷根大學裡一個很有數學天賦的十九歲學生吃完晚飯，開始做每天例行的三道數學題目。前兩道題目，他很順利地完成，第三道題目寫在另一張紙條上：要求只用圓規和一把沒有刻度的直尺，畫出一個正十七邊形。

他感到非常吃力，但是不覺得灰心。因為他曾經遇到這樣的難題，最後總是可以找到答案。而且他相信，老師給他的題目一定是在他的能力範圍之內。結果，他思考到天亮，終於完成了。

第二天，老師看到他的作業，立刻驚呆了。「這是你自己做出來的？」老師非常激動地問他。他回答：「是我自己做的。但是，我花了一個晚上，比我平常的速度慢很多。」

老師請他在自己的面前再畫出一個正十七邊形，這次他很快就做到了。老師激動地對他說：「你解開一個有兩千多年歷史的數學懸案！阿基米德沒有解決，牛頓也沒有解決，你竟然一個晚上就解出來了，你是一個真正的天才！」

原來，老師誤把自己正在思考的問題寫給學生，這個憨厚的學生卻順利地解決。他就是數學家高斯，後來他回憶：「如果有人告訴我，這是一道有兩千多年歷史的數學難題，我可能永遠沒有信心將它解出來。」

高斯可以成功，固然因為他具有天才的數學頭腦，但是正如他說的那樣，如果老師告訴他這道題目有多麼困難，可能他的天才頭腦就會因為過於緊張而難以發揮充分的思考能力。

此外，值得注意的是：有時候，負面訊息不是真實的情況，看看以下這些故事，就可以知道為什麼這樣說。

約翰・萊特福特不僅是一位博士，而且當過英國劍橋大學副校長。在達爾文出版《物種起源》這部名著前夕，他鄭重指出：「天與地，在西元前四〇〇〇年十月二十三日上午九點誕生。」

狄奧尼西斯・拉多納博士生於一七九三年，曾經擔任倫敦大學天文學教授。他的高見是：「在鐵軌上高速旅行根本不可能，乘客會無法呼吸，甚至會窒息而死。」

一七八六年，莫札特的歌劇《費加洛婚禮》初演，落幕以後，拿坡里國王費迪南多四世坦率地發表感想：「莫札特，你這個作品太吵了，音符用得太多了。」

國王不懂音樂，我們可以不苛責，但是美國波士頓的音樂評論家菲利普・海爾於一八七三年表示：「貝多芬的《第七號交響曲》要是不設法刪減，遲早會被淘汰。」樂評家也不懂音樂，但是音樂家自己就懂音樂嗎？柴可夫斯基在他一八八六年十月九日的日記裡說：「我演奏了布拉姆斯的作品，這個傢伙毫無天分，這樣平凡的自大狂被人們尊為天才，真是讓我忍無可忍。」

有趣的是，樂評家亞歷山大・魯布一八八一年就事先替布拉姆斯報仇。他在雜誌上撰文表示：「柴可夫斯基一定和貝多芬一樣聾了，他的運氣真好，可以不必聽自己的作品。」一九六二年，尚未成名的披頭四合唱團向英國迪卡唱片公司毛遂自薦，但是被拒絕。公司負責人的看法是：「我不喜歡這群人的音樂，吉他合奏已經太落伍了。」

你知道恩斯特・馬赫嗎？他曾經擔任維也納大學物理學教授，生於一八三八年，卒於一九一六年。他說：「我不承認愛因斯坦的相對論，正如我不承認原子的存在。」愛因斯坦對以上的批評不在意，因為在他十歲於慕尼黑念小學的時候，任課老師就對他說：「你以後不會有出息。」

即使是西方文學的大師莎士比亞，也有陰溝裡翻船的時候。以日記文學聞名的法國作家雷納爾，一八九六年在日記中說：「第一，我未必瞭解莎士比亞；第二，我未必喜歡莎士比亞；第三，莎士比亞總是令我厭煩。」一九〇六年，他又在日記中說：「只有討厭完美的老人，才會喜歡莎士比亞。」

這位雷納爾先生喜歡說俏皮話，他在一九〇六年的日記中說：「你問我對尼采有何看法？我認為，他的名字裡贅字太多。」英國作家王爾德也以似通不通的修辭技巧批評蕭伯納：「他沒有敵人，但是他的朋友深切地恨他。」盧梭五十四歲那年，即一七六六年，被人們諷刺為：「盧梭有一點像哲學家，正如猴子有一點像人類。」

這些被批評和譏諷的人士後來都被證明，他們和他們的作品是多麼的偉大。如果他們當時被批評和譏諷打倒，在意這些負面訊息，這個世界的損失將是無比慘重的。他們沒有這樣做，因為他們堅信自己、堅信自己的成就，並且勇往直前。

大衛・克羅克特有一句座右銘：「確定你是對的，然後勇往直前。」無論是凡夫俗子還是英雄人物，都有遭遇批評的時刻。事實上，越是成功的人，受到的批評越多。只有那些什麼都不做的人，才可以免除別人的批評。真正的勇氣就是秉持自己的信念，不管別人怎麼說。

第10課

有人還沒有開始嘗試，就已經被自己淘汰了

變得聰明有兩個方法，但是我們只能選擇其中一個

很多人都在尋找讓自己變得聰明的方法，因為人們發現一群人做同一件事情，其結果未必與每個人付出的努力和時間成正比，而是與每個人聰明的程度相關。聰明的人用一天完成的事情，很多人需要一個月甚至更長的時間才可以完成。每個人都想越來越聰明，至少要比過去的自己更聰明。

真的有讓人們變得聰明的方法嗎？有！

有兩個方法可以讓人們變得聰明：一是到處走走、看看，增加經歷，就可以增加收穫，這要求你永遠不要停下來；二是待在一個地方不要動，耐心地觀察周圍的世界，也可以讓自己變得聰明。

第一個方法的代言人就是達爾文。

查爾斯．達爾文是英國歷史上著名的博物學家，他震驚世界的名氣來自不朽的巨著《物種起源》。在這本書中，有豐富的自然材料、翔實的論述依據，它提出自然選擇學說，論證生物是由進化演變而來，並且闡明生物進化的原因和過程。它的誕生，讓人類對生命有一個全新的認識。

只是，你一定不會想到，達爾文曾經是一個有神論者。早年，達爾文相信世界上萬物都是上帝創造的，而且相信生物之所以有物種之別，是因為上帝有不同的意圖。

讓達爾文徹底推翻之前的想法，產生進化論思想的原因，就是在於他更相信自己的眼睛看到的事物。一八三一年年底，達爾文乘坐「小獵犬」號進行環球旅行，在南美洲進行長期科學考察。

在南美洲黏紅土的沉積層裡，達爾文發現一種巨大的古代動物化石，這種化石和現在仍然生活在那裡的犰狳很相似，卻比現代犰狳大得多。這暗示現代犰狳是古代犰狳的子孫後裔，但是又有某些變異。如果牠們是上帝分別創造的，怎樣解釋其相似性？

隨後，在南美洲東海岸採集動植物標本的時候，達爾文又注意到相鄰地區的生物種類比較密切地相似，分布在距離較遠地區的同類生物，彼此的差異卻很明顯。如果牠們都是上帝分別創造的，為什麼要如此分布？

最讓達爾文驚訝的是太平洋加拉巴哥群島上的生物。這個群島位於赤道附近，距離南美洲大約一千公里，島上的生物都帶有南美洲大陸的生物種類的特性。顯然，牠們是從大陸遷移過來之後又發生分化形成的。所有這些，以及他在旅行中的許多發現，都是他從小接受的創造論無法解釋的。

五年之後，達爾文回到英國，立刻開始整理和研究這次旅行收集到的大量標本和資料，針對物種的發生和演化問題進行深邃的思考和論證，並且與其他學者進行廣泛的討論，這就是他的新學說的由來。

很明顯，如果不是長期的旅行和學習，達爾文可能永遠是一個堅定的有神論者。第二個變得聰明的方法，有一些古怪——什麼叫做原地不動仔細觀察？《百年孤寂》中的烏蘇拉可以成為這個方法的代言人。

烏蘇拉是一個家族中的長輩，一輩子都在照顧家人。晚年，她罹患白內障，看不清東西，但是她沒有把這件事情告訴任何人，不願意說的原因是她不想被當作一個廢物來看待。

烏蘇拉默默地記著各種家具之間的距離，辨認人們的聲音。有時候，氣味給她提供幫助；有時候，簡單的推理幫助她可以「看」得更清楚。有一天，家人之中一個女孩的結婚戒指找不到，烏蘇拉竟然準確地說出它的位置！

「她發現家裡的每個成員每天都在走同樣的路，做同樣的事情，甚至在同一時間說同樣的話，他們自己卻不知道。他們只有在超出這種刻板的常規活動的時候，才會丟失東西。因此，她聽到菲蘭達因為丟失戒指而難過的時候，就想到她那天做的一件和往常不一樣的事情，就是晾曬孩子們室內的席子，由於她打掃的時候孩子們在場，烏蘇拉心想，她一定是把戒指放在他們拿不到的地方——壁架上。可是，菲蘭達只沿著她日常活動的路線去尋找，不知道日常習慣妨礙她找到東西。」

日常的習慣會妨礙我們尋找需要的東西。潛心觀察的人，可以敏感地捕捉到生活中的不同之處，處理問題需要的智慧就是隱藏在細節中。

遺憾的是，很多人同時使用這兩個方法，他們走馬看花，走走停停，甚至後退；認為周圍的生活不值得用心，以為最大的智慧在遙遠的地方，敷衍了事，又等待奇蹟發生……沒有比這樣的狀態更糟糕的。有兩個方法可以變得聰明，選擇其中一個，並且認真堅持做下去，才會讓自己真正地聰明。

盲目地追隨別人，不如待在原地觀察

浮躁是這個時代最可怕的一種傳染病，因為它會讓我們變得盲目，失去自己的判斷力。很多時候，我們的內心被外物遮蔽和掩飾，浮躁的情緒佔據我們的內心，因此在人生中留下許多遺憾。在學業上，由於我們無法傾聽內心的聲音，所以盲目地選擇別人為我們選定的、他們認為最有潛力與前景的科系；在事業上，我們故意不關注內心的聲音，在一哄而起的熱潮中，選擇那些最被眾人看好的熱門職業……

現代人慣於為自己做各種周密而細緻的盤算，權衡可能產生的各種收益與損失，但是我們唯一忽視的，就是去傾聽自己內心的聲音，按照自己的心意去做事。

一位長者問他的學生：「你心目中的人生美事為何？」

學生列出一張「清單」：健康、才華、美麗、愛情、名譽、財富……

老師不以為然地說：「你忽略最重要的一項——心靈的寧靜。沒有它，上述的所有東西都會給你帶來可怕的痛苦！」

只有寧靜的心靈，才可以真正認識自己，聽到自己內心的呼喚。

每天我們見到的，都是行色匆匆的人，在這種社會背景下，浮躁之心油然而生，這也是我們不傾聽內心聲音的一個緣由。現代社會在追求效率和速度的同時，使我們作為一個人的優雅在逐漸失去。那種恬靜如詩般的歲月對於現代人來說，已經成為最大的奢侈和夢想。內心的聲音，在這些繁忙與喧囂中被湮沒。物質的欲望在吞噬人們的性靈和光彩，我們留給自己的內心空間被壓榨到最小，已經沒有「風物長宜放眼量」的胸懷和眼光。我們失去自己的判斷力，只知道隨波逐流。

盲目模仿別人，就是在敷衍自己。如果你可以和烏蘇拉一樣，留在原地觀察，也許可以看到人們每天做的事情是多麼經不起考驗。

有一隻兔子長了三隻耳朵，因此在同伴中備受嘲諷戲弄，同伴們都說牠是怪物，不肯跟牠玩。為此，三耳兔非常悲傷，經常暗自哭泣。

有一天，牠終於做出決定，把那隻多出來的耳朵忍痛割掉。於是，牠和同伴們完全相同，不再遭受排擠，牠感到非常快樂。

時隔不久，牠因為遊玩而進入另一片森林。天啊！那裡的兔子竟然都是三隻耳朵，跟牠以前一樣！但是由於牠已經少了一隻耳朵，所以這裡的兔子們都嫌棄牠，牠只能難過地離開。從此，牠領悟到一個真理：只要和別人不一樣，就是錯的！

幾隻耳朵才算是對的？可憐的兔子沒有按照自己的健康和需求來衡量，只在意和別人是否一樣。

讓我們來做一個測試：

思考一下，你要做什麼事情，然後問這幾個問題：我必須做這件事情，還是別人都在這樣做，所以我也要做？我的方法是最適合的嗎？我是否發揮自己最大的努力？最後的結果是否讓我滿意？

經過這個反問的過程以後，你會發現自己可以不必做很多事情。

很多人在時尚和潮流中追趕，但是看看歷史的里程碑，例如：香奈兒，她們是敢於創新的人，從來不模仿別人，不斷將自己內心的美表現出來。如果有人以為跟風可以創造出藝術和時尚，那是巨大的錯誤。

在秘密的法則中，有一條是「你的職責在你自己」，如果我們無法對自己負責，又怎麼可以對別人負責？

佔有知識，不等於擁有智慧

古希臘哲學家蘇格拉底曾經說：「真正帶給我們快樂的是智慧，而不是知識。」

什麼是知識？

知識是沒有經過自己的思索和感悟而獲得的認識和經驗。我們從學校、教會、父母、長輩那裡學到的一切，從書本雜誌、電影電視、朋友閒談那裡獲得的一切，都是知識。

什麼是智慧？

智慧是經過自己的頭腦思考和心靈感受而獲得的能力，無法透過視覺、聽覺、味覺、嗅覺、觸覺而獲得。智慧是思維的「孩子」，不經思考的人生，無法獲得智慧。

哲學家馬可・奧里略對自己說：「不要分心，不要為虛有學問的外表而失去自己的思想，也不要成為喋喋不休或是忙碌不已的人。」可見，他是一個懂得區分知識和智慧的人，他追求的是智慧而非知識。

時下有一種特別的風氣，那就是：把書本當作「裝飾品」擺放在客廳和書房中。《四庫全書》是燙金的收藏版，「四大名著」更是成為文化人的象徵。似乎把那些裝幀精良的書放在自己的書架上，就可以變成一個有學問的人，或是看起來很有學問的人。

這當然是在自欺欺人，擁有一本限量版的好書而不讀，不如在地攤上和別人交換讀過的舊書。因為只有讀過，才會對自己的內心有所觸動。

也有一些人，喜歡「賣弄學問」。為了顯示自己讀過很多書，言談舉止中總是夾雜一些讓人聽不懂的語句，這樣的人也是很幼稚的。

其實，大多數人擁有強烈的佔有知識的欲望，是因為對無知的恐懼、對人生的不安。那些見多識廣的人，在危急的時刻可以沉著應對，但是虛有學問的外表，這樣的人終究是為了取悅別人而活著。捫心自問，如果你曾經帶著虛榮的目的去讀書，你可以瞭解這是一件非常可笑的事情嗎？一個重視外表勝過重視內心的人，重視浮華多於重視本質的人，你會尊重嗎？

在澳洲的一個牧場中，人們看到三個大學生在那裡打工。這三個人之中，一個來自劍橋大學，一個來自牛津大學，還有一個是德國某知名大學的畢業生。人們感到非常驚訝：竟然讓大學生來看管家畜！他們在學校接受的教育是要成為領導眾人的領袖，現在卻在這裡「領導」羊群。牧場主人雇用的這些學生，雖然滿腹經綸，會說幾種外語，可以討論深奧的政治經濟學理論，可是要說賺錢，卻無法和一個沒有上過學的人相比。他整天談論的只是自己的牛羊、自己的牧場，眼界十分狹隘，但是他可以賺大錢，那些大學生卻連謀生也很困難。這是一場「有文化和沒有文化、大學和牧場的較量，後者總是可以佔上風」。

我們都聽過「買櫝還珠」的寓言故事，一個過分雕飾的盒子和一顆光彩照人的珍珠，哪一個更有價值，不言而喻。

追求虛有其表的學問而忽略自己內心真正的理想，何嘗不是靈魂在捨本逐末，在珍貴的人生旅途中「買櫝還珠」？

停止這種愚蠢可笑的行為，讓自己所有的行為符合生命本質，摒棄外表讓人眼花撩亂的光榮和浮華，追求心靈的提升、目標的明確，才是我們要做的事情。

第11課

沒有窮困的世界，只有貧瘠的心靈

讓任何人致富的法則

一百個富翁，會有一百種致富經歷、一百條致富之路。如果你向別人請教應該如何致富，一百個人可能會有一百個答案：排隊買彩券的人會告訴你致富要靠運氣；銀行員工會告訴你致富要靠儲蓄；保險業務員會告訴你致富要靠保險；你的老師會告訴你致富要靠教育基礎；珠寶店的老闆會告訴你致富要靠投資珠寶；期貨市場的買家會告訴你致富要靠期貨買賣……

現在，你可能是世界上最潦倒的人：沒有任何家族背景，甚至沒有存款超過萬元的朋友，沒有任何資源可以利用，沒有任何影響力，甚至債台高築、居無定所。如果有人告訴你，這樣窮困的你也可以成為百萬富翁甚至世界首富，恐怕你自己也不會相信。**但是請相信他的觀點，無論你現在是什麼樣子，就像有因就會有果一樣，只要你開始按照「既定的法則」做事，就會逐漸變得富裕。**

世間萬物，包括我們已經獲得和將要獲得的財富，都是源自一刻不停、按照規律運行的宇宙能量。宇宙有規律的運行，創造世界上所有的物質奇蹟，人類的思想是影響宇宙能量創造財富的唯一動力。所以，人類的主觀參與可以加大宇宙能量運行的活躍性和豐富性。

思維的運動與雙手的創造結合在一起的時候，人類就可以從思想的動物轉變為具有行動力的機器，人類的想法在大腦中構思成熟，然後借助雙手的力量和自然的資源轉變為物質的現實。這個過程就是人類參與、影響宇宙能量運行的過程，也是創造財富的過程。

所以，不要囿於對地球上已經存在的事物的修補，必須激發自己更多的創造力，將自己具有創造性的思想傳遞給宇宙，與宇宙能量共同合作，才可以豐富宇宙的財富，並且充實自己的財富。這就是可以讓任何人致富的既定法則。

那些成功的人，承受這個既定法則的考驗，但是有些人卻將別人的成功與自己的失敗歸因於命運。美國銀行大王摩根卻相信，所謂的命中註定是騙人的。

有人說，摩根的手掌上有一條成功線，所以他才可以成為「銀行界的鉅子」，但是摩根先生從來不相信這樣的話。

他說：「我在這十多年之間，仔細觀察自己的親戚、朋友、員工的手掌，有這條成功線的人，超過兩千多個人，但是他們最後的境遇大多數都不好。假如，有成功線的人都可以獲得成功，為什麼這兩千多個人是例外？根據我的觀察，在這兩千多個有成功線卻沒有獲得成功的人之中，有五百多個人是懶漢，他們懶惰得什麼事情也不肯動手。其中至少有三百多個人是傻子，就連ＡＢＣ也讀不出正確的讀音！至少有六百多個人想要奮發圖強，成就一番事業，但是因為他們的人際關係處理得不好，或是因為他們沒有學過專業的技能，或是因為他們在這項事業開始之後受到一些挫折，中途就放棄了，他們的事業就失敗了，一生只能在失敗中度過！總之，手掌上有成功線的人未必會獲得成功，其根源在於他們本身的缺陷，而不是冥冥之中的主宰！」

所以，雖然每個人天生都擁有成為富人的機會，但是如果無法遵照既定法則行事，無法走上正確的創業道路，就會被這個可以讓任何人致富的法則拋棄。

即使你的手中沒有成功線，但是沒有資金的你也可以獲得資金；入錯行業的你，也可以找到適合的行業。從你現在從事的工作做起，從你現在所處的地方做起，按照可以讓你成功的「既定的法則」做事，就可以逐漸靠近這些生命的奇蹟。

致富的學問，如同算術一般精準

世界上確實有一門教導人們如何致富的學問，而且它就像算術一樣，是一門精準的學問。它讓我們明白，致富也可以像「一加一等於二」一樣確定。

宇宙中的金錢與財產不會均等地分配給世間的所有人，它們的分配標準是人們對「既定法則」的執行程度。無論你是有意為之還是偶然如此，只要按照「既定法則」做事的人，都可以獲得財富。沒有按照「既定法則」做事的人，即使天資聰穎、做事勤奮，也會為貧困所擾。

這門學問不是特別難以掌握的事情，也並非只有少數人才可以學會。因為在我們熟知的有錢人之中，既有才華出眾的，也有資質愚鈍的；既有智慧超群的，也有愚蠢至極的；既有體格強健的，也有體弱多病的。所以，致富這門學問也像算術一樣，只要認真學習，謹慎應用，就可以在財富的課堂獲得優異的成績。

任何一個人都不會因為缺少金錢而無法致富，關鍵是看你對自己的人生做出怎樣的定位。

一個乞丐站在路旁賣橘子，一位商人路過，向乞丐面前的紙盒裡投入幾枚硬幣以後，就匆忙地趕路。

過了一會兒以後，商人回來拿橘子，說：「對不起，我忘記拿橘子，因為你我畢竟都是商人。」

幾年以後，這位商人參加一個高級酒會，遇見一位衣冠楚楚的先生向他敬酒致謝，並且告訴他：他就是當初賣橘子的乞丐。他生活的改變，完全得益於商人的那句話：你我都是商人。

這個故事告訴我們：定位於乞丐，你就是乞丐；定位於商人，你就是商人。

定位決定人生，定位改變人生。**所以，致富不是取決於選擇什麼特殊行業，而是取決於是否遵照致富學問的要求做事。**如果你對自己的人生有精確的規劃，並且設定成功終點的準確座標，你期待的事物就有機會轉化為現實。

三個工人在砌一堵牆。

有人問：「你們在做什麼？」

第一個人生氣地說：「沒有看見嗎？砌牆。」

第二個人抬頭笑了笑，說：「我們在蓋一幢高樓。」

第三個人一邊工作一邊哼著歌，他的笑容很燦爛：「我們正在建設一座城市。」

十年以後，第一個人在另一個工地上砌牆；第二個人坐在辦公室裡畫圖紙，他成為工程師；第三個人，是前兩個人的老闆。

三個同樣起點的人對相同問題的不同回答，顯示他們不同的人生定位；十年以後還在砌牆的那個人胸無大志，當上工程師的那個人理想比較實際，成為老闆的那個人卻志存高遠。最終，他們的人生座標決定他們的命運：想得最遠的人走得也最遠，沒有想法的人只能在原地踏步。

如果成因相同，其結果也必定相同，這是自然界的因果法則，放在社會中的任何領域，它依然有效。**任何想要獲得財富的人，應該準確定位自己的終極目標，並且像做算術題目一樣，規劃每一步的位置。**

窮困的世界，源於心靈的荒蕪

這個世界上，從來不缺少致富的機會。窮人之所以貧窮，不是因為所有的財富已經瓜分完畢，而是因為他們貧瘠的心靈荒原上長滿雜草，卻沒有關於致富靈感的曼妙花朵。

是否善於思考，是窮人和富人的差別之一。窮人總是在等待財富與機會的青睞，富人之所以可以致富，在於他們終生都在孜孜不倦地思索如何致富。

一天，菲利普為在當天報紙上偶然看到的一則新聞興奮不已：墨西哥發現類似瘟疫的病例。從看到這則新聞的那一刻起，他就開始思考：如果墨西哥真的發生瘟疫，一定會傳染到與之相鄰的加州和德州，從這兩個州又會傳染到整個美國。事實上，這兩個州是美國主要的肉食品供應中心，如果真的出現疫情，肉食品一定會大幅度漲價。

想到這些，他再也坐不住了，立刻找醫生去墨西哥考察證實，同時集中全部資金購買鄰近墨西哥的兩個州的牛肉和生豬，並且及時運到東部。果然，瘟疫不久就傳染到美國西部的幾個州。美國政府下令禁止這幾個州的肉食品和牲畜外運，一時之間，美國市場肉類奇缺，價格暴漲。菲利普在幾個月之內，賺了九百萬美元。

在此事例中，菲利普先生運用的資訊，是偶然讀到的「一則新聞」和自身掌握的地理知識：美國與墨西哥相鄰的是「加州和德州」，而且這兩個州是美國主要的肉食品供應中心。此外，依據常規，瘟疫流行的時候，政府一定會下令禁止食品外運。禁止外運的結果必然是：市場肉類奇缺，價格暴漲。然而，是否禁止外運，決定於是否真的發生瘟疫。因此，墨西哥是否發生瘟疫是肉類奇缺、價格暴漲的前提。精明的菲利普立刻派醫生去墨西哥，以證實那則新聞的可靠性。他確實這樣去做，因此獲得九百萬美元的利潤。

類似菲利普這樣運用預見性致富的實例，在商界不勝枚舉。然而，他們可以致富，依靠的難道只是「機會」嗎？事實上，這樣的機會平等地擺在每個人的面前，但不是所有人都有能力抓住，因為他們從來沒有進行認真的思考。

美國成功學大師拿破崙．希爾博士依靠自己創造的「心理致富學」而擁有億萬資產，他曾經指出：「人們的心靈可以構思到又確信的，就可以成為財富。」他依據這種想法，提出心靈創造財富的公式：財富＝想像力＋信念。在這個公式中，思考是我們無法忽視的重要過程，因為它將整個公式完美地串聯起來。

生命固有的內在動力，總是驅使自身不斷追求更豐富多彩的生活。智慧的天性就是尋求自我的擴張，內在的意識總會尋求充分展示的機會。對於一個有智慧又渴望財富的人來說，用思考的力量獲取財富是一件充滿樂趣的事情。

大自然正是因為生命的進化而形成，也因為生命的豐富多彩而存在。因此，大自然中蘊藏著生命所需的充足資源。我們相信，自然界的真諦不可能自相矛盾，自然界不可能使已經顯現的規律失效。因此，我們更有理由相信，宇宙中資源的供應永遠不會短缺。

記住這個事實：沒有窮困的世界，只有貧瘠的心靈。誰也不會因為大自然的供應短缺而窮困，那些窮人的窘迫並非完全是外界造成，更多是源於自己內心的貧瘠。其實，每個人都擁有一把打開財富之門的鑰匙，只要你願意努力地尋找，就可以獲得你想要的財富。

致富是創造財富，而非掠奪

一粒種子掉進泥土裡，就會生根、發芽、成長，並且在生長的過程中，孕育出成百上千粒種子，這是自然界的選擇，也是生命得以繁衍的方式。

一枚金幣握在手中，無法成為炫耀的本錢或是永久的紀念，只有讓它重新進入生產的過程中，才可以創造更多的財富。

所以，致富的過程就是創造的過程。

什麼是創造？

有些人認為，創造等於收穫，這是多麼的愚蠢。一定要記住：人類生來平等，任何人都有實現自我生命價值和創造財富的權利，不要為了自己的私欲而損害別人的利益。不要認為致富是一個競爭的過程，不要為了得到別人手中的財富而讓自己變得像一頭好鬥的公牛。

最好的方式不是掠奪別人的財富，不是競爭已經被創造出來的財富，而是不斷創造新的東西。覬覦別人財富的人是可憐的，因為他們沒有真正認識到自己的能力：別人擁有的東西，你不必搶走，因為透過創造，你也可以擁有。

喬治退伍回到家鄉的時候，他的父母已經病逝。戰爭使他和父母長期失去聯繫，錯誤的訊息更是讓他的父母誤以為兒子已經陣亡。所以，喬治從一間退伍軍人療養醫院回到家鄉之後才發現，父母把所有遺產留給叔叔，這也表示除了戰爭留給他的一身傷疤，喬治已經一無所有。

喬治看到叔叔如同對待強盜似的眼神，覺得自己被傷害了，所以果斷地拒絕叔叔虛偽的挽留，獨自一人默默地離開。雖然一貧如洗，但是他對自己的未來還是充滿信心。

一次，他從洗衣店裡取回自己的襯衫以後，他的生活再次發生轉變。

喬治知道，很多洗衣店在燙好的襯衫衣領上加一張硬紙板，以防止變形。他寫了幾封信向廠商洽詢，得知這種硬紙板的價格是一千張四美元。他的構想是：在硬紙板上加印廣告，再以一千張一美元的價格賣給洗衣店，賺取廣告的利潤。

喬治立刻著手進行這個構想。廣告推出以後，喬治發現客戶取回乾淨的襯衫以後，衣領的紙板丟棄不用。

他不斷地問自己：「如何讓客戶保留這些紙板和上面的廣告？」

後來，他在紙板的正面印上彩色或黑白的廣告，背面加上一些新的東西——孩子的著色遊戲、主婦的美味食譜，或是全家一起玩的遊戲。結果，他成功了。有一位丈夫抱怨，他的妻子為了收集喬治的食譜，竟然把可以再穿一天的襯衫送洗。

喬治並未以此自滿，他樂於把自己擁有的東西與別人分享。於是，他把一千張一美元的紙板寄給美國洗衣工會，工會推薦所有的會員採用他的紙板。喬治由此發現，把自己喜歡和美好的事物給別人，自己會得到更多。

像喬治這樣的人是真正強大的人，因為他從未想過拿走別人的財富，即使那些財富本來應該是自己的，但是劃歸到別人的名義之下，喬治就不會再想，更不會去掠奪。他沒有盯著那些已經被創造出來的財富，而是將視線放在宇宙能量中蘊藏的無限財富，因為他知道，只要掌握這些宇宙中的資源的運行秘密，並且充分利用它們，就可以創造更多的財富。

所以，在做出任何行動之前，必須瞭解一個原則：你尋求的不是屬於別人的財富，你可以透過宇宙能量創造你需要的財富，這種財富才是無限的。

第12課

把真理變成習慣，就可以保持最佳狀態

魔鬼和天使有一個共同點：專注

如果要在魔鬼和天使中找出共同點，他們都有一種強大的能力，產生這個強大能力的泉源，就是專注。魔鬼也好，天使也罷，他們都專注於提高自己的法力，做邪惡的事情或是善良的事情。

酷暑的陽光，不足以使火柴自燃；用凸透鏡聚光於一點，即使是冬日的陽光，也可以使火柴和紙張燃燒，這就是「專注」的巨大威力，也是「朝三暮四」無法取得成功的原因。一個用心不專的人，總是一事無成；把自己的精力凝縮成一點的時候，就會成為一把所向披靡的利刃，戰無不勝。

在遠古的時代，人們只能依靠天火來燒熟食物。後來，有人發明鑽木取火，文明從此誕生。在我們的歷史中，憑藉專注力獲得偉大成就的人不勝枚舉。專注成為一個習慣之後，做任何事情就可以高效而快速。

愛默生說：「成功，是對一個有價值目標的不斷顯現。朝著一個方向，永遠盡最大努力地工作，成功就會接踵而至。如果不能專注於自己應該做的事情，朝三暮四會讓我浪費很多的時間。」

用心不專，是一個人生活中的大忌；一事無成，是用心不專的惡果。**歌德教導我們：「一個人不能騎兩匹馬，騎上這匹，就會丟掉那匹。聰明人會把分散精力的要求置之度外，專心地學一門，學一門就要把它學好。」**在你的身邊，一定有許多庸人，你是否曾經想過，他們為什麼會學無所長、一生碌碌無為？仔細觀察，就會發現庸人的明顯缺點就是難以專心。他們做任何事情都不能竭盡心力，於是就像鑿井，花費許多時間和精力鑿開許多淺井，卻不會以同樣的時間和精力去鑿一口深井，所以他們喝不到甘甜的井水。

有一個很有名望的主教在花園中虔誠地禱告。此時，一個心慌意亂的侍女跑過，焦急地尋找自己丟失的孩子。

由於心焦情切，她沒有注意到跪在那裡祈禱的主教，結果在他的身上絆倒以後，半句道歉的話也沒有說，就往前走了。

主教被她踩到，心中頗為惱怒。就在他祈禱結束的時候，侍女找到孩子，高興地走回來。看到主教滿面怒容地站在那裡，她非常驚訝，也感到惶恐。主教生氣地說：「你是否可以解釋剛才的行為？」

侍女回答：「對不起，主教，我剛才惦念孩子的安危，所以沒有注意到你在那裡。當時，你不是正在祈禱嗎？你祈禱的對象，不是比我的孩子還要珍貴千萬倍嗎？你怎麼還會注意到我？」

主教低頭不語。

主教尚且無法完全專注於自己的本職——禱告，對於我們來說，專注確實不是一件容易的事情。**然而，這裡還是有一個關於專注的秘密：對自己做的事情感興趣的時候，就會不知不覺專注於它。**或是可以這樣說，覺得自己做的是一件很重要的事情，就會變得專注。如果我們每次做事都像是在決定自己的生死，就沒有人會當作兒戲。

立刻行動，不要把問題留到最後一刻

一個暑假過去了，新學期開學的第一天，老師發現一個奇觀——同學們都在埋頭寫作業，但這是暑假應該完成的作業……拖延就是迷信「明天」和「等一下」，在無止境的自我安慰中，度過一個又一個今天。

「明天，明天，還有明天」，很多人總是在這樣的自我安慰中，度過一個又一個今天。時間不停息地奔赴終點，把今天應該完成的事情拖到明天去做，這個「明天」就會把你送進墳墓。

深夜，一個重症患者迎來自己生命中的最後一分鐘，死神如期來到他的身邊。在此之前，死神的形象在他的腦海中閃過幾次。他對死神說：「再給我一分鐘，好嗎？」死神回答：「你要一分鐘做什麼？」他說：「我想要利用這一分鐘，看看天，看看地。我想要利用這一分鐘，想想我的朋友和家人。如果運氣好，我還可以看到一朵綻開的花。」

死神說：「你的願望很好，但是我不能答應。這一切，已經留下足夠的時間讓你去欣賞，你卻沒有像現在這樣去珍惜。你看看這份帳單：在六十年的生命中，你有三分之一的時間在睡覺；剩下的三十多年裡，你經常拖延時間；曾經感歎時間太慢的次數達到一萬次，平均每天一次。上學的時候，你拖延完成家庭作業；成年以後，你抽菸、喝酒、看電視，虛度光陰。」

「我把你的時間帳單列出如下：做事拖延的時間，從年輕到老年，總共耗費三萬六千五百個小時，折合一千五百二十天。做事有頭無尾，使得事情不斷要重做，浪費大約三百多天。因為無所事事，你經常發呆；你經常埋怨和責怪別人，找藉口、找理由、推卸責任；利用工作時間和同事聊天，把工作丟到一旁毫無顧忌；參加許多無所用心、懶散昏睡的會議，使你睡眠時間超過二十年；舉行許多類似的無聊會議，使更多的人和你一樣；還有……」

說到這裡，這個重症患者就斷氣了。死神歎了一口氣，然後說：「如果你活著的時候可以節省一分鐘，就可以聽完我為你記下的帳單。哎，真是可惜，世人怎麼都是這樣，還沒有等到我動手就遺憾地死了。」

每個人的生命都是有限的，如果拖延成為你的習慣，死神就會在不知不覺中來臨。你可以給自己時間，但是生命不會給你時間，正如中國古代詩人李商隱吟誦的：「人間桑海朝朝變，莫遣佳期更後期」。

我們為什麼會被「拖延」的惡魔糾纏，很大的原因在於認識到目標艱鉅的時候而採取的逃避心理，可以明天再面對的就明天再面對，只要今天舒服就好了。**就這樣，拖延成為「逃避今天的法寶」，逃避是弱者最明顯的特徵**。

拖延自己的時間，有三分之一的原因是自我欺騙，三分之二的原因是逃避現實。堅持自己這樣的拖延行為，是因為自己可以從中得到一些「好處」：

透過拖延，你可以不去做那些讓自己感到煩惱的事情，有些事情你害怕去做，有些事情你想要做又害怕行動。

欺騙自己的各種理由讓你心安理得，因為你覺得自己還是一個實做家，只是慢一些的實做家。只要可以繼續拖延，就可以永遠保持現狀，無須力求改進，也不必承擔任何隨之而來的風險。

厭倦生活，認為是別人或是一些瑣事讓自己情緒消沉，就可以輕易地擺脫責任，並且推卸給客觀環境。

透過拖延時間，讓自己在最短的時間內完成工作，如果做得不好，就會說：「我的時間不夠！」找藉口不做任何沒有把握的事情，以避免失敗，覺得自己不是一個低能的人。

就這樣，拖延成為你用來逃避的通行證，你和許多人一樣，像草木般活著，遇到困難的時候，無法當機立斷，任其耽誤下去。

人類的本質是懦弱的，從這一點上說，拖延和猶豫是最符合人情的弱點，正是因為它們符合人情，沒有明顯的危害，所以無形中耽誤許多事情，因此而引起的煩惱，實在比明顯的罪惡還要厲害。可以拖延一時，卻無法拖延一世，利用拖延這張通行證避免危險和失敗，但是這樣做可以達到怎樣的目的？在避免可能遭遇失敗的同時，也會失去取得成功的機會。

類似的情況在我們的生活中經常會遇到。很多情況下，拖延是因為人們的惰性在作怪，要付出勞力或是做出選擇的時候，我們總會為自己找出一些藉口，想要讓自己更輕鬆和舒服。有些人可以在瞬間果斷地戰勝惰性，積極主動地面對挑戰；有些人卻深陷於「激戰」的泥潭，被積極和惰性拉扯，不知所措，無法定奪……就這樣，時間一分一秒地浪費了。其實，拖延就是縱容惰性，也就是給惰性機會，如果形成習慣，就會消磨你的意志，使你對自己失去信心，懷疑自己的毅力，懷疑自己的目標，甚至使自己的性格變得猶豫不決，養成做事拖沓的工作作風。

適當的謹慎是必要的，但是謹慎過度就是優柔寡斷，更何況很多像早上起床這樣的事情不必進行任何考慮。所以，我們要想盡辦法不拖延，而不是想盡辦法去拖延，不可以讓「是不是可以等一下」的念頭控制自己。

愛默生曾經說：「緊驅他的四輪車到其他星球上的人，比在泥濘的道路上追蹤蝸牛行跡的人，更容易達到自己的目標！」立刻行動，從一開始就著手準備，而不是在最後一刻草率結束，心中留著遺憾和不甘。

不要因為對初步現象的滿足就停止思考

關於學習漢字，有一個有趣的故事：

有一個財主讓自己的兒子跟著老師學習寫漢字，兒子剛開始學的是寫「一二三」，剛學完這三個字，兒子就要父親把老師趕走，因為他說自己已經掌握寫漢字的規律。父親很高興，欣然應允。於是，父親請他寫信給自己一個朋友，可是過了一天，兒子還沒有把信封寫好。父親問他為什麼這麼慢，兒子說：「誰叫他姓『萬』。」

這個故事諷刺的就是那些自以為是、學習淺嘗輒止的人。不要因為瞭解一些事物就停止學習，這是一個成就學問的人應該有的心態。

人類作為萬物靈長，幸運地擁有理性和深度思考的能力，但是生活中的很多人閒置這種能力，沒有讓其得到充分的發揮，這是多麼讓人遺憾的事情。這樣的人辜負宇宙的厚待，在命運的面前應該感到慚愧。

其實，聰明睿智的特點在於：只要看到和聽到一些事情，就可以長久地思考，並且更多地理解，思考正是所有智慧的開端。

一九二一年，印度科學家拉曼在英國皇家學會上進行聲學與光學的研究報告，取道地中海乘船回國。甲板上漫步的人群中，一對印度母子的對話引起拉曼的注意。

「媽媽，這片海洋叫什麼名字？」

「地中海！」

「為什麼叫地中海？」

「因為它夾在歐亞大陸和非洲大陸之間。」

「它為什麼是藍色的？」

年輕的母親一時語塞，求助的目光正好遇上在旁邊傾聽他們談話的拉曼。拉曼告訴男孩：「海水之所以呈現藍色，是因為它反射天空的顏色。」

在此之前，幾乎所有人都認同這個解釋。它出自英國物理學家瑞利勳爵，這位以發現惰性氣體而聞名於世的科學家，曾經用太陽光被大氣分子散射的理論解釋天空的顏色，並且由此推斷，海水的藍色是反射天空的顏色所致。

但是不知道為什麼，在告別那一對母子之後，拉曼對自己的解釋心存疑惑，那個充滿好奇心的稚童，那雙求知的眼睛，那些不斷湧現出來的「為什麼」，使拉曼深感愧疚。作為一位訓練有素的科學家，他發現自己在不知不覺中失去男孩那種到所有的「已知」中追求「未知」的好奇心，心中不禁為之震撼！

回到加爾各答以後，拉曼立刻著手研究海水為什麼是藍色的，發現瑞利的解釋實驗證據不足，令人難以信服，決定重新進行研究。

他從光線散射與水分子相互作用入手，運用愛因斯坦等人的漲落理論，獲得光線穿過淨水和冰塊以及其他物質的時候散射現象的充分資料，證明水分子對光線的散射使海水呈現藍色的原理，與大氣分子散射太陽光而使天空呈現藍色的原理完全相同，進而又在固體、液體、氣體中，分別發現一種普遍存在的光散射效應，被人們統稱為「拉曼效應」，為二十世紀初期科學界最終接受光的粒子性學說提供有力的證據。

一九二一年，地中海輪船上那個男孩的問號，把拉曼帶上諾貝爾物理學獎的獎台，成為印度也是亞洲歷史上第一位獲得此項殊榮的科學家。

人類科學之所以可以進步，就是因為我們相信還有更好的答案在等待我們去發現。我們對物質的構成認識，從分子到原子、到原子核與核外電子、到中子和質子，以及到現在的夸克，還沒有停止，誰敢說夸克之下沒有更小的單位？

沒有不斷地更新，就沒有文明進步。這些更新的工作，就是許多人相互接力而完成的。如果我們停留在現在的認知程度上，科學進步就會變成空談。

我們還是孩子的時候，對所有事物都有好奇心，但是現在看到孩子什麼都不懂的時候，又會笑他們無知。這樣做，無異於阻止他們探索。同樣地，我們不能停止思考別人提供給我們的知識的準確性。**在這個兼容並蓄的時代裡，大膽懷疑和思考是一種特權、一種真理，也是一種責任。**

遇到任何事物的時候，必須思考它的本質，而不是輕易接受別人提供給我們的結論，也許就可以成為一個偉大的發現者。

第13課

忠於職守的力量

服務是為人的根本

在工作中，我們要滿足客戶需求，以服務客戶為準則，無論在什麼情況下，都要記住「服務第一」。

服務客戶是行動準則

大衛是紐約的一位成衣製造商，他打電話給保險公司，自己的一萬美元保險立刻停保，要求保險公司退款。如果是這樣，這張保單只價值五千美元。幾位業務員跟大衛說，現在這樣做很不划算。他們這樣說，也是為客戶考慮，似乎沒有什麼問題。但是大衛還是堅決要求退保：「不必囉唆，把五千美元還給我！」

麥可——公司的業務高手之一，正在跟該區的業務經理聊天。此時，一個業務員進來請經理簽支票，以支付給紐約的大衛。

經理簽了支票，搖著頭說：「這個紐約客戶，真是拿他沒辦法，既頑固又不講理。」

麥可問：「我很有興趣知道發生什麼事情？」

「這位老兄，一定要把保單退掉，即使損失五千美元，也堅持要收回現金。」

麥可聽了以後，說：「我明天正好要去紐約，順便幫你們送去這張支票如何？」

「那太感謝了，我們求之不得。但是，你這是在給自己找麻煩！他在電話裡的口氣，好像要殺掉我才肯罷休似的，這個人好像非常痛恨保險業務員。只是給你一句忠告：不必浪費時間去說服他！」

麥可立刻打電話給大衛，大衛要麥可把支票寄過去，但是麥可堅持親自送過去，大衛只好同意了，雙方約定見面的時間。

麥可剛走進大衛的客廳，大衛就開口要支票。麥可說：「你是否可以給我五分鐘的時間，我們談一談？」大衛生氣地說：「你們這些人都是這個樣子，談、談、談，不停地談。你知道我等這一筆錢，等得有多麼著急嗎？我告訴你，我已經等了三個星期！現在還要耽擱我五分鐘！告訴你，我沒有時間跟你磨蹭。」

然後，大衛開始辱罵以前所有聯繫過的業務員。麥可耐心地聽著他的高聲辱罵，有時候還會附和他幾句。他這樣的態度，讓大衛有些不好意思，逐漸地，他停了下來。

在大衛口不擇言的時候，麥可已經知道，他一定是遇到什麼急事，急著用現金。因為，作為商人的大衛，不會不知道放棄保單會造成什麼損失，但他還是這樣強烈地要求，必定有他的原因。

等到大衛安靜下來的時候，麥可說：「大衛先生，我完全同意你的看法。非常抱歉，我們無法為你提供最好的服務，我們應該在接到你的電話以後二十四小時內，就把支票送來。現在，我把支票帶來了，有一點我必須說明，你在這個時候停保，損失很大。這是你要的錢，請你收下！」

大衛收下支票，說：「你說得沒錯，我要退保，就是為了要拿到這五千美元，以周轉我的資金，你們公司就是不能爽快地把欠我的錢還給我。哼！既然支票已經拿來了，現在你可以走了。」

麥可沒有離開，他說出的一番話，讓大衛非常驚訝：

「你只要給我五分鐘的時間，我就會告訴你如何不必退保，而且還可以拿到五千美元。」

「不要騙我！」大衛雖然不相信，但還是忍不住想要知道，「說吧，我看你還有什麼把戲。」

「如果你把保單作為抵押向我們借五千美元，只要付出五%的利息，而且保單繼續有效。同時，在這種情況下，如果發生什麼意外，我們仍然會付五千美元賠償金給你。這樣一來，你不僅可以拿到救急的錢，還可以擁有你的保險。」

大衛聽到這個方法，立刻對麥可說：「謝謝你，這是支票，麻煩你幫我辦理這個業務。」

就這樣，麥可保住一萬美元的保單。原因在於，他是抱持服務客戶的準則來處理這件事情。一般的業務員，只是告訴大衛：「如果你放棄保單，就會遭受損失。」大衛也知道這個事實，難道他的錢多得要給保險公司送錢嗎？這個訊息是無用的訊息。麥可的方法是要找到大衛放棄保單的真正原因，然後想出方法幫助他解決，這就是服務的精神。

半年以後，麥可又去拜訪大衛，大衛的財務危機已經解決了。麥可為大衛詳細說明他的保險問題，贏得大衛的認同，他買下一張二十萬美元的保單。在隨後的半年裡，麥可又賣給大衛兩筆抵押保險，以及一筆意外險。又過了半年，大衛第二次從麥可那裡買下一張壽險保單。這一切，都是因為大衛認同麥可的服務精神。

為客戶提供長期優質的服務，就會有忠實的客戶。為客戶服務才是根本。

隨時滿足客戶的需求

在工作中，為客戶服務，就是要隨時滿足客戶的需求。想要挖掘客戶對商品的需求，首先應該對客戶的需求種類進行一定的瞭解。

人們的需求是無限的，沒有止境的。我們購物的時候，總是有需要才會購買，否則絕對不會掏錢出來。**推銷員想要把商品推銷出去，必須做的一件事情是：喚起客戶對這種商品的需求。**

在銷售過程中，可能只說錯一個字，就無法銷售自己的產品。因此，對客戶說的每句話都要經過深思熟慮。滿足客戶需求是最好的服務，要做到為客戶服務，就要以滿足客戶需求為己任。

保證商品的品質，也是為客戶服務

為了保證出售商品的品質，為顧客負責，許多商店在打擊假冒偽劣商品的時候推出懸賞的方法：只要發現假冒偽劣商品者，經過核實以後，按照商品金額大小給予不同獎勵。這是在激烈的市場競爭中，依靠優良的商品品質以取得客戶的信任，建立商品的美好形象，推銷商品的好方法。

保證商品品質可靠，讓客戶買的東西物超所值，也是為客戶服務。

提供更好的服務

各種推銷的區別不是只在於產品本身，最大的成功取決於提供的服務品質。推銷員的薪水都是來自那些滿意的客戶提供的重複合作和仲介介紹。事實上，如果你堅持為客戶提供優質的售後服務，從兩年以後開始，你所有交易的八〇%可能來自那些現有的客戶。否則，你可能永遠無法建立與客戶之間的牢固關係及良好信譽。

從長遠來看，那些不提供服務或是服務不好的推銷員註定前景暗淡，將會遭受挫折與失望之苦。所以，對顧客提供全力以赴的售後服務，不是可有可無的選擇；相反地，這是推銷員要生存下去的至關重要的選擇。

甘道夫是美國十大傑出業務員，歷史上第一位一年之內業績超過十億美元的保險業務員，被稱為「世界上最偉大的保險業務員」。甘道夫在美國五十個州總共服務超過一萬個客戶，從普通工人到億萬富豪，各個階層都有。

甘道夫說：「對你的客戶服務越周到，他們與你的合作關係就會越長久。不管你推銷的是什麼，這個法則都不會改變。」

優質的服務可以排除客戶可能產生的後悔感覺，大多數的客戶喜歡在買東西以後，得到正面的回應，以確定自己買到最正確的產品。

完成一筆交易以後，甘道夫就會寄出答謝卡給自己的客戶，即使是最富有的客戶。甘道夫有許多富有的客戶，他們擁有豪華汽車和別墅。他們什麼都不缺，但是他們喜歡收到這些卡片。大多數的客戶每年都會收到生日卡片，甘道夫會在生意促成的時候，記住客戶的生日，然後在適當時機，寄出一張卡片給他。

此外，客戶向他購買保險一年的時候，甘道夫就會親自登門拜訪。作為一個保險業務員，他會詳細記住客戶的資料，例如：親戚尚在或是已故、結婚或離婚、企業的經營狀況……此外，他還會寄給某位客戶可能對他有用的雜誌或報導。

在產品大同小異的情況下，為客戶提供更好的、與眾不同的服務，才是成功之本。

具備做人本色

推銷是一個和別人打交道的職業，推銷員應該有職業道德意識，必須先得到別人的肯定。**其實，推銷工作就是在推銷你自己。**

認識自己，而且要不斷改造自己

認識自己，看起來簡單，其實非常困難，必須經由自我剖析與別人批評的過程之後，才可以逐步認識自己。

「認識自己」，是兩千四百多年以前希臘哲學家蘇格拉底的一句名言。這句名言包含無窮的真理，假如我們可以領悟這句名言的真諦，並且加以實踐，一生將會受益無窮。

拜讀世界上各行各業成功人士的傳記之後會發現，成功的要訣在於有自知之明，也就是經由認識自己找到自我之後，不斷改造自己，才可以逐步走向成功之路。

認識自己，也要求我們必須不斷地自我剖析，永遠注視自己。

人類是一種有盲點的動物，往往只看見別人的過失，卻看不見自己的錯誤。

有一個學生問老師：「你在我的作文簿上批註的字，我看不出寫的是什麼？請老師明示。」

老師說：「我是告訴你，你的字太潦草了，以後要寫端正。」

老師只看見學生的過失，自己也犯了同樣的錯誤。有鑑於此，別人的批評就顯得非常必要與珍貴。借助別人的眼睛，我們可以更清楚地認識到自己的缺點和不足。

隨時具有職業道德意識

作為一個優秀的推銷員，在商品經濟更完善的今天，必須具有強烈的職業道德意識，它不僅是企業形象的影響因素，也是推銷員自我管理中應該特別注意的事情。

一個工人把斧頭掉進河裡，他坐在河邊傷心地哭泣。財神跳進水中幫他打撈，很快拿出一把金斧頭，工人搖頭說：「這不是我的。」財神又拿出一把銀斧頭，工人還是搖頭。最後，他拿出一把鐵斧頭，工人說：「這才是我丟失的斧頭。」財神把金斧頭和銀斧頭一起送給他。

一個貪心的傢伙知道了，故意把斧頭扔進河裡。很快，財神拿出一把金斧頭，沒有等到財神問他，他立刻說：「這就是我丟失的斧頭。」財神覺得他不誠實，與金斧頭一起消失了。最終，這個貪心的傢伙連自己的斧頭也找不到。

沒有誠實，哪裡來金斧頭？甚至會賠上自己的斧頭。誠實賦予一個人公平處世的品格，使人生誠實可靠，使靈魂之間不會彼此利用、互相欺騙。

推銷員的基本道德規範有哪些？

以最好的外觀呈現產品，不可以做出對自己、公司、產品不正當的陳述。

說話算數。準時赴約兩百次，才可以建立一個誠信，卻可能因為一次失約而轟然崩塌。

懂得拒絕。如果客戶對產品或服務的應用和理解錯誤，推銷員應該及早告知，而不是利用客戶的錯誤理解促成交易。

懂得負責善後。如果客戶確實購買用途錯誤的產品，推銷員不要把黃金銷售時間浪費在改正上，而是應該懂得如何善後。

培養對客戶的責任感。做一個成功的人，首先必須履行自己的諾言。

發生自己能力控制範圍之外的情況，立刻通知客戶。如果你坦白，你的客戶也可能會通情達理。

不要提供回扣給客戶的決策者以換取訂單。作為一個優秀的推銷員，首先應該是一個守法的人。

不貶抑競爭對手，因為這樣做可能會產生反效果。

先描述自己，是一個正確的推銷方式。

始終堅守道德標準。因為月底近了，還沒有達到業績額度，也應該用道德標準嚴格要求自己。

推銷產品，也是推銷你的品格

優秀的產品只有在具備優秀品格的推銷員手中，才可以贏得長遠的市場。

向客戶推銷自己的品格，就是推銷員要按照道德規範和價值觀念行事，表現出良好的品格：熱情、勤奮、自信、毅力、同情心、善意、謙虛、自尊、自信、誠意、樂於助人、尊老愛幼……

「世界上最偉大的推銷員」喬・吉拉德以推銷汽車為職業，他認為，推銷的重點不是在推銷商品，而是在推銷自己。

與客戶打交道的時候，必須記住：你首先是一個人，之後才是推銷員。一個人的優劣，會讓別人產生不同的感情。

隨時完善自我，在推銷產品的時候先推銷你自己，只有客戶對你充分認同，你的推銷才有可能成功。

強者懂得承擔責任

工作本身就代表責任，責任所在，必須勇於承擔。客戶利益受到損害的時候，必須賠償客戶的損失。

只要工作，就會有責任

沒有責任感的推銷員，不是一個優秀的推銷員。即使是一個最普通的推銷員，也要勇於承擔責任，只要承擔責任，就具備成為一個優秀推銷員的基本條件。

有一位舊金山的商人發電報給一位沙加緬度的商人，報出貨物價格：「一萬噸大麥，每噸四百美元。買不買？價格高不高？」

沙加緬度商人覺得價格太高，不想要貨物，可是他在回覆電報裡卻漏了一個句號，寫成「不太高」，結果變成要買這批大麥，使自己損失幾千美元。

這只是一場簡單的交易，卻可以看出這位沙加緬度商人不負責任。同樣地，對於公司員工來說，只要在工作中有任何不負責任，就有可能在競爭激烈的現代社會中釀成大錯，導致公司遭受損失。

一個缺乏責任感的人，首先失去的是社會對自己的基本認同，其次失去的是別人對自己的信任與尊重，這樣的人難以得到重用。那些可以承擔責任的人，可能會被賦予更多的任務，進而獲得更大的榮譽。

在很多人看來，自己只是一個普通員工，沒有任何責任，只有那些管理階層才要承擔責任，他們沒有意識到：工作本身就代表職責和義務。

每個員工都有責任履行自己的職責和義務，這種履行必須源自發於內心的責任感，而不是為了獲得獎賞。工作不僅是賴以生存的手段，除了得到金錢和地位之外，也要考慮自己應該盡到的責任。

超市裡的一個員工對前來購物的顧客非常冷淡，不僅不主動為顧客提供幫助和服務，有時候還會對前來詢問的顧客發脾氣，許多顧客非常生氣，但是他自己卻不以為然。客服部經理在超市視察的時候，剛好發現他這種行為。

經理非常氣憤地訓斥他：「你的責任就是為顧客服務，讓顧客滿意，並且讓顧客下次還會到我們這裡，但是你的行為是在趕走我們的顧客。你這樣做，是在推卸責任，我們公司無法再信任像你這樣的人，你可以走了！」

這個超市員工由於不負責任使自己失去工作，可以說是自作自受。自己的責任就要主動承擔，不能有任何忽視或是推卸。

記住美國前總統杜魯門的一句座右銘：「責任到此，不能再推。」在工作中，難免會發生許多問題，問題發生以後，不應該推卸自己的責任，或是為自己尋找藉口，即使多麼振振有辭，也是非常愚蠢的。

對自己的行為負責，對公司和老闆負責，對客戶負責，才是老闆最喜歡的員工。只有這樣的員工，才可以獲得很好的發展機會。

責任面前，勇於承擔

一天，一個為公司推銷日常用品的推銷員走進一家商店裡，看到店主正在忙著打掃。他熱情地向店主介紹和展示自己公司的產品，然而店主卻默默地看著他，對於他的舉動毫無反應。

對此，推銷員毫不氣餒，又拿出自己所有的產品向店主推銷。他認為，憑藉自己的熱情和執著，以及完美的推銷技巧，店主一定會被他說服，最終向他購買產品。然而，令人出乎意料的是，店主卻憤怒萬分，用掃帚將他趕出店門。

莫名其妙的推銷員被店主的恨意震驚了，決定要查出店主如此恨他的原因。於是，他利用休閒的時間去其他推銷員那裡瞭解情況，終於知道那個店主對他如此不滿的理由。原來，由於他前任推銷員工作上的失誤，使這個店主積壓大批的存貨，大量的資金無法周轉，店主的經營也因此受到牽制。雖然這件事情和他沒有關係，但是他認為作為公司的員工，有義務解決前任推銷員留下來的問題，更有責任透過自己的努力，挽回公司在信譽方面的損失。

於是，他疏通各種管道，重新進行安排和部署，並且利用自己的人際關係，請一位客戶以成本價買下店主的存貨，使店主積壓的資金得以回流。結果不言而喻，他受到店主的熱烈歡迎。他用自己的責任感幫助公司重新贏得客戶的信任，也為自己的推銷工作找到新的途徑。

作為一個員工，應該牢記自己的使命，盡職盡責地履行義務，面對責任要勇於承擔，這是你的工作、責任所在，義不容辭！

「這是你的工作、責任所在，義不容辭！」每個員工都應該記住這句話。

對那些在工作中推三阻四，總是尋找藉口為自己開脫的人；對那些缺乏工作熱情，總是推卸責任，不知道自我批評的人；對那些無法準時完成工作的人；對那些總是對公司和工作不滿意的人，最好的救治良藥就是大聲而堅定地告訴他們：這是你的工作、責任所在，義不容辭！

選擇一份工作，就要接受它的全部，承擔天經地義的責任，而不是只享受它給你帶來的好處和快樂。

責任所在，義不容辭！意識到這一點，努力在工作中做到這一點，以它為動力去戰勝困難、完成任務，你就是公司真正需要的員工。

客戶利益受到損害的時候，必須賠償客戶的損失

面對客戶的抱怨，必須勇於承擔責任，賠償客戶的損失，包括向客戶誠心道歉。產品破損、品質不良、功能不健全、有異物混雜其中，無法履行契約或是讓客戶在精神上受到傷害的時候，必須盡快以金錢或物品等替代品進行補償，這樣做才稱得上是滿足客戶的利益。

我們應該建立一種觀念：在生意往來中，如果確定某件事情已經造成客戶的損失，並且確定這種損失是由於自己的疏忽造成的，必須用金錢和物品或是及早修理等賠償方式進行彌補。

如果因為沒有調查而無法找出原因或是應該補償的數量，應該禮貌地向客戶說明，請客戶再給自己一些時間來調查，此時如果稍有怠慢或是拖泥帶水，客戶就會再次抱怨：「沒有誠意」。

相關資料顯示：用金錢方式作為補償，其補償的金額往往是買價的特定倍數，商家都是以客戶希望獲得的東西加上道歉作為誠意的表現，這一點非常值得參考。**值得一提的是：在客戶的抱怨中，五〇%**

是因為品質的關係而產生的抱怨。

關於品質方面的抱怨，經常會用金錢或物品來賠償，這樣的處理方式也是創造下一個客戶的最佳機會。有誠意地以價值以上的金錢賠償損失是決定成敗的關鍵，但是不要盲目地浪費金錢，應該先讓客戶覺得「有誠意」，再賠償他們買價的特定倍數。

責任要求我們敢於承認自己的錯誤

一九一二年，美國總統羅斯福到紐澤西州的一個鎮上參加集會，向教育程度比較低的民眾發表一篇演講。

他在這篇演講中，提到女性也應該踴躍參加選舉，聽眾中突然有人大聲喊著：「先生！這句話和你五年以前的主張不是大相徑庭嗎？」

對此，羅斯福沒有迴避和掩飾，而是聰明地回答：「可不是嗎？五年以前，我確實是另一種主張，但是現在已經深悟到自己當年的主張是錯誤的！」

錯誤永遠是不可避免的，如果成功是人生最理想的朋友，錯誤就是人生無法拋棄的夥伴。犯錯不可怕，可怕的是犯錯卻不承認，反而加以掩飾以推卸責任。在錯誤面前詭辯的人，等於又犯下錯誤，甚至比犯錯更危險，因為錯誤已經在其頭腦中扎根，最後造成更多的錯誤。

羅斯福及時勇敢地承認自己的錯誤，以坦白、忠實、誠懇、親切的回答，使聽眾得到滿意的答覆，也為自己贏得掌聲。羅斯福心裡很清楚，每個人都會犯錯，別人犯錯的時候，我們總是希望他們可以承認並且加以改正，可是這種錯誤發生在自己身上的時候，很多人都會採取迴避的態度，可能因為要保全顏面，或是已經形成習慣。從這一點上看，羅斯福是一個勇於面對錯誤的人。

有時候，我們很難分清自己是不是為了掩飾錯誤而堅持己見，所以想要堅持任何事情或是做法的時候，最好先謹慎思考，自己的堅持是否是因為確實有毫無瑕疵的理由？還是因為只是為了掩飾錯誤以保全顏面？如果發現有保全顏面的因素，及早拋棄自己錯誤的堅持，因為由於這種堅持而採取的行動，只會使自己處於最容易受到攻擊的位置，採取被動的守勢。

作為一個員工，如果因為犯錯而沒有完成任務，請不要辯解，因為辯解已經沒有意義，你需要先說的是：「對不起，我錯了！」**這樣直接主動地承擔責任，或許會讓你遭受經濟上的損失，但是對你的成長是有益的**。只有這樣，才可以使你從錯誤中醒悟過來，認真反省自己，改正錯誤，以全新的姿態走向成功。

—第14課—

越單純的人，越有力量

每一個雜念，都在耗損我們的能力

事業成於堅忍，毀於急躁。諸葛亮有一句名言：「夫君子之行，靜以修身，儉以養德；非淡泊無以明志，非寧靜無以致遠。」朝三暮四、輕浮急躁的人，難以成就大事。**如果你已經通曉秘密的法則，就不難領悟到：心中想什麼，就可以得到什麼。**

會游泳的人都明白一個道理：如果溺水了，最好的自救方法不是拼命掙扎，也不是大聲呼救，而是心無雜念，什麼都不要想，全身放鬆，只要放輕鬆，就可以浮上水面。從某種角度來說，人們不是死於溺水，而是死於自己過於強烈的求生欲望。越是在困境中，焦躁而強烈的欲望越會成為我們的負擔，它會拉著我們向深水沉去。

生活就是這樣：太在乎獲勝，卻輸得很慘；太在乎得到，卻失去很多；太期盼財富，卻距離貧窮越來越近；太想要求生，反而容易被死神召喚。但是，我們急於求成的時候，就會顧慮到許多外在因素，顧慮越來越多的時候，內心就會感到疲憊，靈魂也會變得沉重，生命就會不知不覺地向下墜落，使自己陷入分身乏術的困境中。吸引力的法則指導我們，全力地感受自己想要得到的東西，就可以得到它。所以，想要擺脫困境獲得成功，就要排除所有雜念的干擾。

一九九九年六月，希臘雅典田徑世界錦標賽，美國的格林創造一百公尺賽跑新的世界紀錄——九秒七九。此前此後多少年，一百公尺賽跑這個項目總是被美國控制。直到二〇〇四年雅典田徑大獎賽開賽之前，格林還是狂傲自大地對記者說：「一百公尺賽跑，前三名是美國的！」

二〇〇五年六月十四日，還是希臘雅典田徑世界錦標賽，還是一百公尺賽場，一個來自牙買加的年輕人把所有美國「飛人」甩在身後。那是一次空前絕後的轟動，許多人淚流滿面，許多人聲嘶力竭，為終於戰勝美國人的年輕人喝采！

於是，牙買加的旗幟飄揚起來，來自牙買加的鮑威爾在旗幟下向全世界微笑。他打破格林創造的世界紀錄，成績是九秒七七！

賽後，記者向他請教獲勝的秘訣，他想了很久，最後不好意思地說：「其實，也沒有什麼秘訣。我就是想要跑得更快，結果到終點線的時候，我發現自己獲勝了。」

記者繼續追問：「有幾個美國選手與你爭戰，你不怕他們用戰術夾擊你嗎？」他笑著說：「我認定自己跑得比他們更快，在我的眼裡，跑道上只有我自己和前面的終點，沒有其他東西！」

其實，我們的心靈就像宇宙一樣，具備某種自主性，只要用自己的精力去關照自身，心靈就可以得到淨化，排除所有的雜念，只專注於自己追求的那個目標。一定要記住：只做必要的事情，摒棄所有與之無關的念頭。

假定每個人都很完美

宇宙中有理性的事物，例如：人類存在是為了彼此而存在，因此人性的結構中，首要的原則就是友愛原則，這是宇宙賦予人類的本性。從現代科學的成果可以知道，人類與動物是一個「生命共同體」的關係，要麼同舟共濟，要麼唇亡齒寒，只有地球生物永恆的多樣性，才有人類社會長久的穩定性。人與人之間的關係也是如此，只有學會關愛，才可以相伴永遠。

埃里希．佛洛姆曾經說：「愛是一種能力，是一種可以去愛而且可以喚起愛的能力。」掌握「愛」的能力，就是要學會欣賞別人。可以用欣賞的角度來看待別人非常重要，因為用欣賞的角度來看待別人的時候，不僅可以學到對方的長處，同時也會收到「被欣賞」的回饋。

在日常生活中，每個人都渴望得到別人的欣賞，同樣地，每個人也應該學會欣賞別人，假定每個人都是一個完美的人。欣賞與被欣賞是一種互動的力量，欣賞者具有愉悅之心、仁愛之懷、成人之美的善念，心中的善念就會吸引更多的善念。**因此，學會欣賞，既是肯定別人也是肯定自己，正如美國著名的**

思想家愛默生所言：「人生最美麗的補償之一，就是人們真誠地幫助別人之後，同時也幫助自己。」

贈人玫瑰，手有餘香。英國哲學家法蘭西斯・培根曾經說：「欣賞者心中有朝霞、露珠，以及長年盛開的花朵；漠視者冰結心城、四海枯竭、叢山荒蕪。」欣賞是一種給予，一種馨香，一種溝通與理解，一種信任與祝福。拋開挑剔成見的眼光，就可以充分感受到每個人身上的完美特質。

一九四四年冬天，德國納粹終於被俄軍趕出蘇聯國土，數以百萬的德國士兵成為俘虜。在莫斯科的大街上，每天都有許多德國戰俘面容憔悴地走過。此時，所有的馬路都擠滿了人，俄軍士兵和警察站在戰俘和圍觀者之間。圍觀者大多數是婦女，她們之中的每個人都是戰爭的受害者，或是父親，或是兄弟，或是兒子，都死在戰爭中，她們每個人都和德國人有一筆血債。

因此，俘虜們出現的時候，她們的雙手握成拳頭，眼中充滿仇恨。士兵和警察們竭力地阻擋她們，害怕她們無法控制自己的衝動。

此時，令人意想不到的事情發生了：一個滿臉皺紋的婦女，穿著一雙破舊的長靴。她走到一個警察身邊，希望警察可以讓她接近俘虜，警察同意這個老婦人的請求。

她來到俘虜身邊，從懷裡掏出一個用印花方巾包裹的東西，裡面是一塊黑麵包，她不好意思地把這塊黑麵包塞到一個疲憊不堪、眼神中透著絕望的俘虜的衣袋裡。然後，她轉向身後那些充滿仇恨的同胞們，平和而慈祥地說：「這些人手持武器出現在戰場上的時候，他們是敵人。可是被解除武裝出現在街道上的時候，他們就是和我們一樣，具有共同外形和共同人性的人。」

老婦人說完這些，就安靜地離開。但是空氣在那個瞬間似乎凝結了，過了一會兒，很多婦女擁向俘虜，把麵包和香菸等各種東西塞給他們。

給予別人，就是富足自己。保持一顆純粹的心，以寬厚的心態來待人接物。用自己所有的能量去感受美好的時候，自身發出的正向積極的強大磁場就會吸引更多美好的事物來到身邊。我們可以真正以欣賞和讚美的眼光去看待別人的時候，實際上就是在吸引更多欣賞和讚美的目光，這些欣賞和讚美最終還是回到我們的身上。

一八五二年秋天，俄國著名作家屠格涅夫在斯帕斯科耶打獵的時候，在松林中撿到一本《現代人》雜誌。他隨手翻了幾頁，竟然被一篇題名為《童年》的小說吸引，作者是一個初出茅廬的無名小輩，但是屠格涅夫卻十分欣賞，鍾愛有加。他四處打聽作者的住處，最後得知作者兩歲喪母、七歲失父，由姑母撫養照顧長大。屠格涅夫給予極大的同情和關注，他寫信給作者的姑母：「這個年輕人如果可以繼續寫下去，前途一定不可限量！」

姑母很快寫信告訴自己的侄兒：「你的第一篇小說引起很大的轟動，《獵人筆記》的作者屠格涅夫逢人就稱讚你。」作者收到姑母的信以後，驚喜若狂，他本來是因為生活的苦悶而信筆塗鴉打發心中的寂寥，並無當作家的妄念。由於屠格涅夫的欣賞，竟然點燃心中的火焰，找回自信和人生的價值，於是一發不可收拾地繼續寫作，最終成為具有世界聲譽的藝術家和思想家，他就是《戰爭與和平》、《安娜・卡列尼娜》、《復活》的作者列夫・托爾斯泰。

由一個無名青年成為文學界不朽的名家，托爾斯泰的成長經歷充分表現讚賞和激勵的力量。可以說，是屠格涅夫成就後來的托爾斯泰，如果屠格涅夫過於重視一個人的身分、地位、名氣，就無法用理性的思維和完美的眼光來審視托爾斯泰的第一篇小說，也無法發現他過人的潛能。反觀之，正是由於屠格涅夫始終抱持一種欣賞的思想，一種完美的眼光，才使得自己得以被世人讚許和紀念，並且名垂千古。

所有的挫敗，都無法傷害到一顆純粹的心

匆忙的旅人，永遠落在從容者的後面；疾馳的駿馬落後，緩步的駱駝卻不斷前進。**詹姆斯·艾倫曾經說：「我發現，情緒比較浮躁的人，在關鍵時刻無法做出正確的決定，因為成功人士基本上比較理智。」**只有在平和純粹的心境下，我們的思維才可以更活躍，才可以更理智地分析判斷，進而可以嚴格控制自己的情緒，尤其是在關鍵時刻為自己贏得勝利的機會。

很多人在生活中總是以焦慮來折磨自己：優柔寡斷，充滿恐懼，甚至無法接受自己的缺點。他們對任何事情不敢做出決定，對生活中的「失敗」感到羞愧和內疚。他們的行為總是充滿矛盾，否則就是不敢採取任何行動，焦慮已經成為他們的生活方式。恐懼和精神上的問題充滿他們的腦中，取代他們應有的成功與信心的感覺。

可以成大事之人，必有寵辱不驚的品格。諸葛亮在南陽草廬隱居十餘年，在清風明月中讀史，在竹林泉石旁對弈，日觀風雲變幻，夜察星斗轉移，不問名利，不求聞達，胸中始終保持傲然之志，待出山

之時矢志不渝，鞠躬盡瘁，死而後已。淡泊是傲岸，淡泊也蘊涵溫和，淡看名利，淡看世俗，無欲無求，無所羈勒。因為心中無塵雜，志向能力明晰和堅定，不會被貪念侵蝕，也不會被虛榮矇蔽。寧靜是心靈的潔淨，更是一種禪意。

生活就像一條拋物線，總是在平靜之中逐漸走向高潮，高潮之後趨於平靜，平靜過後又再次走向高潮。如果我們的心靈總是被生活的起落干擾，就無法得到心中的純淨；如果心中的雜念過多，很容易失去最初的夢想；失去夢想，追求和成功又將從何說起？

你的人生軌跡已經被安排好，做此安排的不是別人，正是你自己。**你嚮往的是什麼樣的生活，你經歷的就是什麼樣的生活，這就是吸引力的法則**。你的內心得以平靜的時候，才可以真正傾聽到心中的聲音，才可以想起自己要追求的是什麼。

有一位醫生，每天下班以後，仍然可以感受到工作上的壓力，因此總是覺得精神緊張，但是他只要彈鋼琴就可以平靜下來，他彈奏的大多數是蕭邦的作品。「我不知道這是怎麼回事，」他對朋友說，「只要我彈起鋼琴，就會覺得十分輕鬆，忘記生活的壓力。我可以自得其樂，不再擔心那些痛苦的病人，也可以忘記那些罹患絕症的病人，我這樣也許不對。」

「不，」他的朋友說，「你必須輕鬆下來，甚至忘記最可憐的病人，否則你不會成為好醫生，也會降低你幫助病人的能力。鋼琴可以給你心靈上的平靜——接受這份禮物吧！」

不諳世事的孩子為什麼總是無憂無慮，逐漸長大以後，為什麼會有越來越多的煩惱？孩子的目光是清澈透明的，是因為他們有一顆透明的心。心境純粹清透，就無懼外面世界的艱難險阻。有時候，我們可以試著去尋找童年時代的感覺，用孩子般的目光看待這個世界，將身心全部放鬆，你會發現，這個世界是那麼的美好。

找一個安靜的地方，自然地坐著，閉上眼睛，注意自己的呼吸，注意空氣吸進和呼出鼻孔。看著空氣旋轉地進入鼻孔，然後緩慢地飄出。兩分鐘之後，開始感覺自己的身體（注意體內、皮膚、四肢的重量等各個方面的感受）。一分鐘之後，將注意力移到胸部，並且停在那裡。幾秒鐘之後，你的注意力可能會被閃過的念頭或感覺分散。不要抗拒這種趨勢，但是你注意到這種狀況開始，將注意力收回到胸部。結束練習的時候，只是安靜地坐著，什麼都不做。

雖然這是一種十分簡單的方法，但是釋放的消極能量卻很可觀——你可以感覺到肩頭沉重的壓力被卸掉，而且輕快鎮定的情緒傳遍全身。更重要的是：你會開始體驗到，無論你所處的環境多麼混亂，只有集中精神、泰然自若，才是最佳的應對之道，因為這樣會讓你回歸自我，遠離周圍的迷惘與混亂。**古希臘哲學家柏拉圖說：「人間萬事，沒有任何事情值得過度焦慮。」**其實，全力去追求平和和純粹的感受，吸引而來的只會是那些可以讓你感受到美好的事物，而不是那些讓你感覺焦慮不安的事物。

感受心靈的純粹吧，它就像春天裡清脆的歌聲，又像秋日裡豐盛的果實，讓人們倍感親切和珍貴；

它又像沙漠裡的一片綠洲，叢林裡的一朵小花，讓你驚訝和欣喜；它是躲在幸福後面的一道風景，只有擁有它，才可以倍感幸福。

—第15課—

看不到自己的獨特，就只能平庸

人啊，一生的工作只為認識你自己

在古希臘帕那索斯山上的一塊石碑上，刻著一句箴言：「認識你自己。」盧梭稱讚這個碑銘：「比倫理學家們的所有巨著更重要、更深奧。」曾子也曾經教導我們：「吾日三省吾身。」顯然，認識自己是至關重要的。

然而，愛爾蘭劇作家王爾德曾經說：「那些自稱瞭解自己的人，都是膚淺的人。」這確實是無可爭辯的事實，因為對每個人來說，想要完全瞭解自己，不是一件容易的事情。就像有些時候，我們面對鏡子裡的自己卻發出疑問：這是我嗎？

希臘神話中，有一個叫做「史芬克斯之謎」的故事：

史芬克斯是一個獅身人面的女妖，她把守路口，向來往行人出了一個謎語：「早晨用四隻腳走路，中午用兩隻腳走路，晚上用三隻腳走路。腳最多的時候，正是速度和力量最小的時候。」猜出謎底，就會被放行；猜不出謎底，就會被這個女妖吞噬。

這個謎語的謎底很簡單，就是「人」——在生命的早晨，是一個嬌嫩的嬰兒，用四肢爬行。到了中午，也就是青壯年時期，用兩隻腳走路。到了晚年，他是那樣老邁無力，以至於必須借助拐杖來扶持，作為第三隻腳。

遺憾的是，眾多路人都猜不出來，只能進入女妖的血盆大口，成為她的一頓美餐。幸虧智者伊底帕斯猜中謎底，才使這個淺薄的女妖無地自容，跳崖自殺。

是啊，人有兩隻眼睛，可以看世間、看萬物，目觀八方，就是看不到自己。然而，一個人要培養承擔重任的力量，首先要從自我認識、自我訓練做起，這是所有行動的前提條件。

蘇格拉底在風燭殘年之際，知道自己時日不多，想要考驗和點化那個平時看起來很好的助手。他把助手叫到床前說：「我的蠟燭所剩不多，要找另一根蠟燭接著點下去，你明白我的意思嗎？」

「明白，」那個助手說，「你的光輝思想必須傳承下去……」

「可是，」蘇格拉底說，「我需要一位最優秀的傳承者。他不僅要有相當的智慧，還要有充分的信心和非凡的勇氣……直到目前，我還沒有找到這樣的人，你可以幫我尋找嗎？」

「好的，好的。」助手溫順地說，「我一定竭盡全力地尋找，不辜負你的栽培和信任。」

蘇格拉底笑了笑，沒有再說什麼。

那個忠誠而勤奮的助手，不辭辛勞地透過各種管道開始尋找。對於他帶回來的那些人，蘇格拉底總是婉言謝絕。有一次，助手再次無功而返地回到蘇格拉底的病床前，病入膏肓的蘇格拉底從床上坐起來，拍著他的肩膀說：「真是辛苦你了，但是你找來的那些人，其實比不上你……」

「我一定加倍努力，」助手言辭懇切地說，「找遍城鄉各地，找遍五湖四海，我也要為你找到最優秀的傳承者。」

蘇格拉底笑了笑，不再說話。

半年之後，蘇格拉底即將告別人世，最優秀的傳承者還是沒有找到。助手非常慚愧，淚流滿面地坐在病床旁邊，語氣沉重地說：「我對不起你，讓你失望了！」

「失望的是我，對不起的卻是你自己。」蘇格拉底說到這裡，失意地閉上眼睛，停頓了許久，又哀怨地說，「本來，最優秀的就是你自己，只是你不敢相信自己，才會忽略自己、耽誤自己、失去自己……其實，每個人都是最優秀的，差別在於：如何認識自己，如何發掘和重用自己……」話沒有說完，一代哲人就永遠離開自己曾經深切關注的這個世界。

那個助手非常後悔，甚至自責了整個後半生。

十四世紀的英國詩人喬叟說：「自知的人是最聰明的。」現實生活中，很多人由於各種原因，對自己沒有正確的認識，蘇格拉底的助手也是如此。「不識廬山真面目，只緣身在此山中」，這個助手就是沒有跳出「廬山」，以旁觀者的眼光分析和審視自己。

也許你又要問：在這一生的工作和認識自我中，我們應該怎樣行動？日常生活中，我們最常用的就是透過比較來認識自我，不知道自己是否正確的時候，就看看別人怎麼做，然後經過自己的思考，發現自己的缺點與不足。在社會交際中，別人就是一面鏡子，只有在與別人的互相比較中，才可以瞭解自己。

人生之中，最大的智慧是瞭解生命的本質和秘密，最大的幸福是預知自己的命運。這種預知，來自於正確認識自己，最終掌握自己的命運。

失敗的人，只是沒有找到適合自己的路

雄鷹奮力飛向更高的天空，魚兒在清澈的水裡遨遊，駱駝在蒼茫的沙漠裡跋涉，因為選擇適合自己的位置，才可以造就生命的極致；奇妙的空中花園、精緻的蘇州園林、美輪美奐的泰姬陵，因為選擇適合自己的方式，才可以創造美景奇觀；中國的萬里長城、約旦的佩特拉古城、秘魯的馬丘比丘遺址、尼羅河邊的金字塔，因為選擇價值，才可以成就美名的享譽。同樣地，任何事物只有選擇適合自己的方式才是最好的，才可以實現自己的價值。

有一個老婦人，從來沒有穿過合腳的鞋子，經常穿著大鞋走來走去，姿態忸怩，步履蹣跚，總是一副不舒服的樣子。

有人問她為什麼不買小號的鞋子，老婦人說：「我這種鞋子，大號小號都是同樣價錢，為什麼要棄大就小？」

這個老婦人確實又可笑又可悲，為了貪圖大尺寸的鞋料，讓自己穿著不合腳的鞋子。

原一平在二十七歲的時候進入日本明治保險公司開始推銷生涯。那個時候，他窮得連午餐都吃不起，經常露宿公園。

他在推銷的時候遇到的一位老和尚的一句話，成為他一生的轉捩點。老和尚說：「你在替別人辦理保險的時候，要先考慮自己、認識自己，這樣才可以走上正確之道。」

這個世界多姿多彩，上帝安排每個人的到來，也為每個人確定專屬位置，每個人都有自己的生活方式。你不可能什麼都得到，也不可能什麼都適合去做，所以你要學會放棄，放棄不切實際的想法，放棄愚蠢的行動。只有學會放棄、學會知足，才可以把握快樂、享受幸福。

有兩隻老虎：一隻在籠子裡，一隻在野地裡。

在籠子裡的老虎三餐無憂，每天除了吃就是睡；在野地裡的老虎自由自在，想去哪裡就去哪裡。兩隻老虎經常進行親切的交談。

籠子裡的老虎總是羨慕野地裡的老虎自由，野地裡的老虎卻羨慕籠子裡的老虎安逸。一日，一隻老虎對另一隻老虎說：「我們換一換？」另一隻老虎同意了。

於是，籠子裡的老虎走進野地，野地裡的老虎走進籠子。從籠子裡走出來的老虎很高興，在野地裡拼命地奔跑；走進籠子的老虎也很快樂，再也不必為食物而煩惱。

但是不久，兩隻老虎都死了。

一隻是飢餓而死，一隻是憂鬱而死。從籠子裡走出來的老虎獲得自由，卻沒有具備獲得捕食的本領；走進籠子的老虎獲得安逸，卻沒有獲得在狹窄空間生活的心境。

適合的才是最好的。

許多時候，看見別人耀眼的光彩，總是覺得別人的生活更幸福，別人的道路更平坦，對自己的生活總是不滿意，於是開始羨慕別人，並且蠢蠢欲動地想要去嘗試。可是，別人的幸福也許不適合自己，別人的幸福也許是自己的不幸，兩隻老虎的故事不是顯而易見嗎？

一隻烏鴉羨慕老鷹漂亮的俯衝、抓小羊的動作，覺得只要自己努力就可以學會，於是開始模仿老鷹的動作拼命練習。過了幾天，烏鴉覺得自己練習得很好，就在這個時候，有一隻羊從樹下經過，烏鴉從樹上猛衝下來，撲到羊背上，想要完成老鷹那樣完美的動作。然而沒想到，牠自己卻被抓了，牠的身體太輕，爪子也被羊毛纏住，翅膀的力量不夠大。牠不僅沒有抓住小羊，反而被別人掌握生命。烏鴉盲目的模仿，使自己走上一條不歸路。

另一隻老鷹卻從反面來證明這個道理。一位生物學家看到一家雞場的雞群中有一隻老鷹，感到非常奇怪，於是詢問雞場主人。主人說：「牠一直吃雞飼料，被訓練成一隻雞，始終都不想飛，不認為自己是一隻老鷹。」生物學家說：「但是，牠畢竟還是一隻鷹，應該可以教牠飛。」

生物學家經過多次訓練，逐漸消除老鷹的疑慮。最後，生物學家把牠帶上高山，面向太陽，奇蹟發生了：老鷹發出勝利的歡叫，衝向天際。

適合某人穿的鞋子，可能會讓另一個人痛苦不堪。生活中，沒有放諸四海而皆準的法則，每個人都有自己的生活方式。**歌德曾經感歎地說：「為何總是有人喜歡對別人惡言惡語？我想，可能是大多數人誤以為肯定別人的優點，就會減損自己的光榮造成的。」為此，但丁說出一句名言：「走自己的路，讓別人去說吧！」**

人生有千萬條道路，不只一條可以獲得成功，可是最適合自己的路只有一條。找到它以後，就要果斷地走下去，不要憂鬱徘徊，就會在前方看見光明。

垃圾是放錯位置的寶貝，適合的才是最好的。道家崇尚順其自然，蘇格拉底以「量力而行」來勉勵自己，穿適合自己的鞋，走適合自己的路！

與自己為敵的人生，是悲慘的人生

一位哲人說出一個很容易被忽視的秘密：「這個世界上，沒有無法跨越的事，只有無法逾越的心。」心中有「牢籠」，就是與自己為敵，試問：你的人生如何幸福？想要取得傲人的成績，關鍵在於衝出「心理牢籠」，不再與自己為敵。

我們的放不開，我們的無法原諒，我們的任性，我們沒有緣由的執著，最終對誰造成影響？阻止誰的幸福？答案是我們自己。

一個苦者找到一個和尚，傾訴自己的心事。

他說：「我放不下一些事，放不下一些人。」

和尚說：「沒有什麼東西是放不下的。」

他說：「這些事和人，我就是放不下。」

和尚讓他拿著一個茶杯，然後往裡面倒熱水，直到水溢出來。

苦者被燙到，立刻鬆開手。

和尚說：「這個世界上，沒有什麼東西是放不下的。痛了，你就會放下了。」

苦者認為，是那些「放不下」和他過不去，其實是他與自己過不去。很多時候，我們的敵人其實是我們自己。

每個人都有失意的時候，例如：經濟窘迫、錯失愛情、事業不順……面對這種情況，有些人長吁短歎，認為自己無可救藥，因此頹廢不振，人生變得悲涼；有些人一笑置之，從頭開始，堅持不懈，生活越來越精彩，因為他們不想與自己為敵。

一個人在二十五歲的時候因為被別人陷害，在牢房裡待了十年，後來沉冤昭雪，終於走出監獄。出獄以後，他開始不斷地反覆控訴和咒罵：「我真是不幸，竟然在年輕的時候遭受冤屈，在監獄度過本來應該是最美好的時光。那樣的監獄不是人居住的地方，狹窄得幾乎無法轉身，唯一的窗戶幾乎看不到陽光；冬天寒冷難忍，夏天蚊蟲叮咬……上帝為什麼不懲罰那個陷害我的傢伙，即使將他千刀萬剮，也難解我心頭之恨！」

八十五歲那年，在貧病交加中，他終於臥床不起。彌留之際，牧師來到他的床邊：「可憐的孩子，去天堂之前，懺悔你在世間的所有罪惡吧……」

牧師的話音剛落，病床上的他聲嘶力竭地叫喊：「我沒有什麼需要懺悔，我需要的是詛咒，詛咒那些造成我不幸命運的人……」

牧師問：「你因為遭受冤屈，在監獄待了多少年？離開監獄以後，又生活了多少年？」他惡狠狠地將數字告訴牧師。

牧師歎了一口氣：「可憐的人，你是世界上最不幸的人。對於你的不幸，我感到萬分同情和悲痛！別人囚禁你十年，你走出監獄本來應該獲得永久自由的時候，卻用心裡的仇恨、抱怨、詛咒，囚禁自己五十年！」

那個人從他被送去坐牢的時候就與自己為敵，六十年的痛苦生活，他總是認為是別人陷害自己，可是他從來沒有想過，自己悲慘落魄的一生中，最大的敵人就是自己。其實，那個人不只在監獄裡待了十年，他人生的後五十年裡，他用自己的心在自己的周圍上了一道堅硬的牆壁。

很多東西不是牢不可破的，沒有你想像的那樣恐怖。只要摒棄固有的想法，嘗試重新開始，就可以擺脫以前的憂慮和消極心理。**世界上最難攻破的，不是堅固的城堡和雄偉的城牆，而是自己的心，「心牆」阻擋陽光的照射，禁錮生命的盛放。**

不要再與自己為敵，幸福向你伸出雙手的時候，不要把自己的手藏在背後而不敢和幸福擊掌。

—第16課—

發掘不息的成功之源

發掘市場的「藍海區」

一九八〇年代以來，「紅海戰略」成為商業的主流。「紅海」代表已知的市場空間，在紅海中，每個產業的界限已經被劃定並且被人們接受，競爭規則也為人們所知。企業試圖在這個環境中擊敗對手，奪取更大的市場比例，但是隨著市場空間越來越擁擠，利潤和增長的前途變得越來越暗淡。

二〇〇五年，哈佛商學院出版社出版金偉燦（韓國）和芮妮・莫伯尼（美國）合著的《藍海策略》。很快，這本書就席捲全球，成為出版商、民眾、企業家、學者競相討論和追逐的對象。與紅海相對，藍海代表等待開發的市場空間，代表創造新需求，代表高利潤增長的機會，也就是說，藍海是未知的市場空間。

當前競爭日趨白熱化，許多公司都在削價競爭，形成一片「血腥」的紅海。在這種情況下，如果想要在競爭中求勝，唯一的方法就是不能只顧著打敗對手，而是要在紅海中拓展現有產業的邊界，開發出藍海，尋找冷門，形成沒有人競爭的全新市場，才是最有效的策略。

第二次世界大戰結束以後，美日的航線主要被美國航空公司控制，對於日本航空公司來說，想要發展自己的業務非常艱難。為了改變生意清淡的狀況，日本航空公司高薪聘請美國飛行員，購置一流的飛機，嚴格保證飛行安全和設備先進，但是由於競爭對手也採取同樣的措施，所以日本航空公司在競爭中仍然處於劣勢。如何改變這種現狀？日本航空公司決定以改善服務為突破口——世界各航空公司的服務大同小異，例如：精美的食物、和顏悅色的空中小姐、彬彬有禮的服務……但是如果日本航空公司可以在飛機上展現日本的傳統文化，不是可以吸引好奇的西方遊客嗎？

於是，日本航空公司經過精心設計，讓空中小姐穿著各種款式的和服，向乘客展示日本的茶道；送餐的時候，以日本女性特有的溫柔，指導乘客怎樣用筷子；為乘客服務的時候，以日式鞠躬表示禮貌……這些充滿濃郁日本風情的服務方式，果然引起西方遊客對日本文化的濃厚興趣，一些原本不打算去日本旅遊的西方人，也乘坐日本航空公司的班機前往日本觀光。日本航空公司透過改善服務，不與競爭對手拼硬體而贏得市場。

日本航空公司和其他航空公司相比，既沒有硬體上的優勢，也沒有資金上的長處，如何在競爭中獲勝？顯然，它沒有和競爭對手進行正面競爭，而是挖掘自身的優勢，把握自身的長處，以改善服務為突破口，進而改變自己在競爭中的弱勢局面。日本航空公司這種主動開拓市場空白，不與競爭者競爭的企業經營思維，就是藍海思維。

可見，企業要開拓藍海商機，就要不與對手競爭，避實擊虛，重新發現市場，重新界定市場，這一點同樣適用於個人。

有人採訪比爾・蓋茲，問他為什麼可以成為世界首富？

比爾・蓋茲說：「我可以成為世界首富，除了知識和人脈以及公司很會行銷之外，有一個前提就是：我善於在別人看不到的地方賺錢。」

由此可見，眼光獨到，發掘市場的「藍海區」，在別人看不到的地方賺錢，是經商者財富不會乾涸的泉源，也是經商者必須具備的能力之一。

把自己當作一家公司去經營

經營一家公司，最重要的就是經營這家公司的品牌。產品可能相差無幾，但是消費者重視的是企業的整體形象，因為品牌商品有品質保障。作為個人，我們也要把自己當作一家公司來經營，打造屬於自己的個人品牌。一般情況下，你的名字就是你的個人品牌，你的名字代表你的工作能力，你的名字成為你的工作能力的象徵。

想要打造個人品牌，就要隨時保持自己的競爭力。你的個人品牌，也代表你的觀念、作風、形象、責任，一個品牌之所以強勢，就是因為它結合「正確的特性」、「吸引人的性格」，以及隨之而來的與消費者的「良好互動關係」。「個人品牌」必須有「正確的特性」、「吸引人的性格」，只有這樣，才會美名遠揚，為自己創造更多的機會！

如何才可以打造自己的個人品牌？

不斷提升自己的專業能力

擁有專業能力，就是知識豐富並且有執行力，可以幫助企業解決問題。「擁有專業能力」是一種絕佳的個人品牌，是一種內涵的呈現。由於不斷地有新知識和新技術的推出，為了避免過時，必須不斷地提升專業能力，這是打造個人品牌首先要注意的！

擁有謙虛的態度

無論在什麼時候，謙虛的人都會受到人們的歡迎。如果你能力有限，謙虛會讓人感覺你誠實上進；如果你能力很強，謙虛會讓人感覺你的綜合素質很高。

維持學習力及學習心

學習力及學習心是不老的象徵，也是延續個人品牌的方法。一個不斷學習的人，其內在是豐富的，更容易擁有自信心以及保持謙虛的態度。學習會讓你隨時感覺在進步，會讓你找到自身的不足，進而改正陋習。

強化溝通能力

溝通能力包括「傾聽能力」和「表達能力」，個人品牌必須透過溝通傳達出去。我們必須可以在人們面前清楚地表達，透過文字傳達思想，也要學習站在別人的角度看事情，嘗試以對方聽得懂的語言溝通，為了達到這個目的，傾聽是必要的。

親和力

親和力是一種甜美的氣質，讓人們在不知不覺中被你吸引。親和力也是一種柔軟的積極性，透過「與人親善」的特質，發揮更多的影響力。

外表

外表非常重要。如果別人沒有時間瞭解你的內涵，就會從你的外表來判斷你的好壞。學習讓自己看起來專業誠懇，以整潔俐落來表達自己的充沛精力和良好態度，是職場中的我們必須具備的能力。

建立個人品牌，可以從自己的強項開始。每個人都有自己獨特的能力，從自己獨特的能力開始，是最容易建立個人品牌的方法。

艾琳是一家飲料公司的業務主管，因為她平易近人，說話隨和，客戶都喜歡和她交談。只要遇到同事和客戶談判失利的時候，她就會出動。只要她出現，任何冰山都會融化成一江春水。她個人品牌的重點就是「化解衝突的專家」。

我們必須及早找到自己的強項，盡量發揮，這是快速脫穎而出的秘訣！

這是一個自我行銷的時代，你的表現是你的「最佳履歷」。必須做到隨時塑造自己的個人品牌，讓每個見過你的人都可以記住你，這樣一來，成功距離你不遠了。

你是在「提著木桶」還是在「挖掘管道」？

很久以前，有兩個名叫波波羅和布魯諾的年輕人，他們是好朋友，渴望有一天可以成為村子裡最富有的人。他們很聰明而且很勤奮，認為自己需要的只是機會。

在他們的期盼下，機會終於來了：村民們決定雇用兩個人，把附近河裡的水運到廣場的水缸裡，這份工作交給他們。他們抓起兩個水桶奔向河邊，一天結束以後，他們把村子裡的水缸都裝滿了，村長以每桶一分錢支付他們酬勞。

「我們的運氣很好，這是一個很好的工作，不是嗎？」布魯諾滿足地叫喊。但是波波羅不同意他的看法，他害怕整天拿著木桶提水，會讓自己的手長出水泡。所以，他發誓要想出一個更好的方法，讓河裡的水流到村子裡。

「我有一個計畫，我們需要挖一個管道。」波波羅說，「這樣一來，我們就不必用木桶提水。」

「多傻啊，我的朋友，那樣需要很長時間。我們這樣提水，一個星期就可以買一雙鞋子，一個月就可以買驢子，六個月就可以蓋新房。日子會過得越來越好，沒有必要在那些無聊的事情上浪費時間。」布魯諾這樣回答。

儘管與好朋友的想法不同，可是波波羅沒有放棄，而是開始自己的行動。他每天早上提水，晚上挖掘管道。他的工作是根據提水的數量來計算，所以開始的時候，他每天賺不到多少錢。可是他的朋友，卻可以提很多水，賺到很多錢。

轉眼，一年過去了。波波羅的管道剛挖到一半，可是布魯諾已經買了驢子，拴在他新蓋的兩層樓房的前面。他穿著漂亮的衣服，在酒館裡喝酒，人們對這個富裕的年輕人羨慕不已。

布魯諾每天努力地運水，逐漸地，後背彎了，腳步也慢了。他開始對生活失去熱情，提水的時間少於在酒館裡喝酒的時間。可是這個時候，波波羅的管道建成了。水從管道裡源源不斷地湧入村子裡，不管他在睡覺還是在別處遊玩，都不會影響他的工作，他口袋裡的錢越來越多。人們把波波羅稱為「管道人」，認為他創造一個奇蹟。

波波羅的管道，讓布魯諾失去工作。波波羅找到這個昔日的好朋友，要他和自己一起挖掘管道。「不要諷刺我了。」布魯諾對波波羅的做法有些反感。

「我不是來跟你炫耀的。」波波羅做出解釋，「在我挖掘管道的過程中，我學會很多的經驗，但是憑藉我一個人的力量，不可能挖掘更多的管道。所以，我希望把自己的經驗傳授給你，我們一起挖掘更多的管道，包括其他村子的，甚至是全世界的。」

布魯諾贊成他的想法，於是他們一起挖掘更多的管道，也賺取更多的財富。有時間的時候，他們也會跟其他年輕人講述自己挖掘管道的故事，可是很多人仍然無法理解他們。

「我沒有足夠的時間。」

「我的朋友也想挖掘一條管道，可是他失敗了。我不能知道會失敗，還要浪費自己的時間。」

「也許提著木桶比挖掘管道更容易，何必要冒險？」

……

人們總是有足夠的藉口，於是在這個世界上，提著木桶的人越來越多，挖掘管道的人越來越少。你是其中的哪一部分人？是否也在提著木桶，辛苦地生活？人生的機會那麼多，不嘗試，不利用自己的智慧，再好的機會也不會降臨在你的身上。

有準備，才有成功的機會

機會不是隨便就可以獲得的。有準備的人，才有可能與之相見。

阿爾伯特·哈伯德生長在一個富足的家庭，但他還是想要創立自己的事業，因此很早就開始準備。他知道像自己這樣的年輕人，最缺乏的是知識和經驗。因此，他有選擇地學習一些相關的專業知識，充分利用時間，甚至在外出工作的時候，也會帶上一本書，在等候電車的時候，一邊閱讀一邊背誦。他一直保持這個習慣，這使他受益匪淺。後來，他有機會進入哈佛大學，開始一些系統理論課程的學習。

阿爾伯特·哈伯德對歐洲市場進行詳細考察，隨後開始積極籌備自己的出版社。他請教專門的顧問公司，調查出版市場，從從事出版行業的普蘭特先生那裡得到許多建議。就這樣，一家新的出版社——羅伊克羅夫特出版社誕生了。

由於事先的準備工作做得充分，出版社經營得十分出色。阿爾伯特·哈伯德不斷將自己的體驗和見聞整理成書出版，名譽與財富相繼而來。

阿爾伯特・哈伯德沒有因此滿足，他敏銳地觀察到，自己所在的紐約州東奧羅拉，已經逐漸成為人們度假旅遊的最佳選擇之一，但是這裡的旅館業卻非常不發達。這是一個很好的商機，阿爾伯特・哈伯德沒有放棄這個機會。他抽出時間在市中心周圍進行兩個月的調查，瞭解市場的行情，考察附近的環境和交通。他甚至住進一家當地經營得非常出色的旅館，研究其經營的獨到之處。後來，他成功地從別人手中接手一家旅館，並且對其進行徹底的改造和裝潢。

在旅館裝修的時候，他根據自己的調查，接觸許多遊客。他瞭解到遊客們的喜好、收入程度、消費觀念，更注意到這些遊客是由於厭倦繁忙的工作，才會在假期來這裡放鬆，他們需要更簡單的生活。因此，他讓工人製作一種簡單的直線型家具。這個創意推出之後，很快受到人們的關注，遊客們非常喜歡這種家具。他再次抓住這個機會，一個家具公司誕生了。家具公司的業績蒸蒸日上，也證明他準備工作的成效。同時，他的出版社出版《菲利士人》和《兄弟》兩份月刊，其影響力在《把信送給加西亞》一書出版以後達到頂峰。

阿爾伯特・哈伯德深刻地體會到，準備是所有工作的前提，是執行力的基礎。因此，他不僅自己在進行任何決策之前認真準備，並且把這種觀念灌輸給自己的員工。不久之後，「你準備好了嗎？」已經成為他們公司全體員工的口頭禪，成功地形成「準備第一」的企業文化。在這樣的文化氛圍中，公司的執行力得到極大的提升，工作效率自然顯而易見。

同樣地，如果我們想要獲得成功的機會，也應該像阿爾伯特・哈伯德一樣，在行動之前做好充分的準備。**只有準備充分，才可以保證工作得以完成，才可以與成功不期而遇。**

第17課

折磨你的人，是化了妝的天使

被挑戰，是一種存在的榮耀

《時間簡史》的作者史蒂芬・霍金說：「面對挑戰，應該舒展愁眉，開顏歡笑。」生活中，別人隨時有可能向你發出挑戰。此時，你可能惱怒，可能憤慨，可能逃避，無法以平常心接受，更不要說開心和快樂。可是你有沒有想過，別人為什麼會挑戰你？如果你資質平庸，沒有任何東西可以拿出來和別人分出高低，別人挑戰你又有什麼意義？所以，被挑戰是一種存在的榮耀，證明你給別人造成壓力，你是優秀的，你有別人想要超越的地方。

青松總是屹立在寒冷的冬天，雪越厚，它站得越直。面對挑戰，可以看出一個人的氣度和修養。很多時候，面對別人的挑戰，別人的語氣、眼神、手勢可能會影響我們，使我們失去往前邁進的勇氣，甚至讓我們沉迷在愁煩中不得解脫，在前進的道路上迷失自己。面對人生，讓自己以閒看雲捲雲舒、花開花落的心境，以從容去選擇，選擇一種氣度，選擇一種風範，選擇一種壯美。

愛迪生研究電燈的時候，工作難度出乎意料的大，一千六百種材料被他製作成各種形狀，用作燈絲，效果都不理想，要麼壽命太短，要麼成本太高，要麼太脆弱，工人難以把它裝進燈泡，全世界都在等待他的成果。

半年以後，人們失去耐心了，紐約《先驅報》宣稱：「愛迪生的失敗現在已經完全證實，這個感情衝動的傢伙從去年秋天就開始研究電燈，他以為這是一個完全新穎的問題，他自信已經獲得別人沒有想到的用電發光的方法。可是，紐約著名的電學家們都相信，愛迪生走錯路了。」

這個時候，愛迪生什麼話都沒有說，他不為所動，從容而淡定地繼續自己的實驗。

英國皇家郵政部的電機師普利斯在公開演講中質疑愛迪生，他認為把電流分到千家萬戶，並且用電錶來計量，是一種幻想。

愛迪生繼續摸索，仍然什麼也不說，對別人的冷言冷語，沒有表示任何不滿。

人們還在用煤氣燈照明，煤氣公司竭力說服人們：愛迪生是一個騙子。很多正統的科學家認為他是異想天開，有人說：「不管愛迪生有多少電燈，只要有一個壽命超過二十分鐘，我寧願付一百美元，有多少買多少。」有人說：「這樣的電燈，即使弄出來，我們也點不起。」愛迪生仍然毫不動搖。

進行這項研究一年之後，他終於造出可以持續照明四十五個小時的電燈，完成對自己的超越。經過自己的堅持和努力，愛迪生不僅促成自己的蛻變，建立自己在世人心目中偉大的發明家地位，而且促成人類生活方式的一次變遷。正是因為有他的這項發明，人類才可以真正進入電氣時代。

他說：「感謝你們把那麼多的目光全部聚集在我的身上，感到壓力的同時，我也感到榮耀。正是你們的挑戰，讓我有今天的成功。」

面對挫折和困難的時候，只要選擇堅強，勇敢接受命運的挑戰，經過不斷的努力與磨練，就可以到達成功的彼岸。

龍蝦與寄居蟹在深海中相遇，寄居蟹看見龍蝦正在把自己的硬殼脫掉，露出嬌嫩的身軀。寄居蟹非常緊張地說：「你怎麼可以把唯一保護自己身軀的硬殼脫掉？難道你不怕有大魚一口把你吃掉嗎？以你現在的情況來看，急流會把你沖到岩石上，到時你不死才怪！」

龍蝦氣定神閒地回答：「謝謝你的關心。但是你不瞭解，我們龍蝦每次成長，都要先脫掉舊殼，才可以長出更堅固的外殼。現在面對危險，只是為將來發展得更好而做出準備。」

寄居蟹細心思量以後，也找到自己的問題：總是在尋找可以避居的地方，沒有想過如何讓自己成長得更強壯，只活在別人的庇蔭之下，最終限制自己的發展。

被挑戰是一種榮耀，放開自己，掙脫別人的束縛，不要被別人的言論和行動影響，找到屬於自己的天空，才可以活得更灑脫，才可以在充滿坎坷的人生道路上走得更踏實。

人性的弱點，會在安逸中擴大

古希臘的一位哲學家說：「人類的一半，是在危機中度過的。」鯰魚效應告訴我們：一個人的生活過於安逸，面對逆境的時候，無法擺脫逆境的困擾，最終會在逆境中滅亡。

歐陽修在《伶官傳序》表達一個道理：「憂勞可以興國，逸豫可以亡身。」孟子也曾經這樣說：「故天將降大任於是人也，必先苦其心志，勞其筋骨，餓其體膚，空乏其身，行拂亂其所為，所以動心忍性，增益其所不能。」自古以來，人們就瞭解「居安思危」的道理。安逸舒適是我們追求的生活目標，但是如果缺乏危機意識，過於安逸舒適可能使我們缺乏鬥志，無法適應環境的改變，趕不上時代的腳步，最後被社會淘汰。

「生於憂患，死於安樂」，人們天生就是有惰性的，總是想要安於現狀，不到迫不得已，不願意改變已有的生活。沉迷於這種安逸的生活，就會忽略環境的變化，危機到來的時候，只能坐以待斃。

諾魯是位於南太平洋一個美麗的小島，有取之不盡的鳥糞資源，年輸出鳥糞的獲利高達九千多萬美元。在這個小島上生活的人，不必工作，所有的一切都由政府處理，每年還可以領取政府發放的三十五萬美元。

島上的人們過著極其奢華的生活，養尊處優，舒適安逸。然而，就是在這個美麗的島上，高血壓、心臟病、腦中風發病率高居世界之首。

一個國家、一個民族，更不能沉醉於眼前的成果。今天的成功，不表示明天的成功。

可口可樂是世界碳酸飲料行業中最優秀的公司之一，執行長古茲維塔曾經向高層主管們提出幾個問題：

「世界上四十四億人口，每人每天消耗的飲料平均是多少？」

「六十四盎司。」（一盎司約為三十一克）

「每人每天消費的可口可樂又是多少？」

「不足兩盎司。」

「在人們的肚子裡，我們的市場比例是多少？」

未雨綢繆、居安思危，不管是個人還是團體，只有不斷地保持危機意識，設定偉大的目標，才不會在生活的競爭中被打敗。

「洪水未到先築堤，豺狼未來先磨刀。」只有這樣，危險突然降臨的時候，才不會手足無措。那些猛烈的挫折和困難不可怕，反而可以激發我們的潛能，可是如果趨於平靜，我們就會耽於安逸、享樂、奢靡、揮霍的生活，讓自己不斷地遭遇失敗。

感謝折磨你的人，他們讓你更強大

我們經常抱怨磨難，抱怨那些讓自己的生活變得艱苦的事情，抱怨那些讓自己的內心承受煎熬的經歷。可是，我們在抱怨的時候沒有想到，這些磨難就像烈火，只有經過錘鍊之後，自己才會變得更堅忍、更剛強。

美國獨立企業聯盟主席傑克・弗雷斯十三歲就在他父母的加油站工作，他想要學習修車，但是他父親讓他在櫃檯接待顧客。汽車開進來的時候，弗雷斯必須在車子停穩以前就站在駕駛人的門前，然後檢查油量、電瓶、傳動皮帶、橡皮管、水箱。

弗雷斯注意到，如果他做得好，顧客大多還會再來。於是，他總是多做一些，幫助顧客擦去車身、擋風玻璃、車燈上的汙漬。有一段時間，每個星期都有一位老婦人開著自己的車來清洗和打蠟。這輛車的踏板凹陷得很深，所以很難打掃，而且這位老婦人很難溝通。每次，弗雷斯把車子洗好以後，她都要再仔細檢查，讓他重新打掃，直到清除所有棉絨和灰塵，她才會滿意。

終於有一次，弗雷斯忍無可忍，不願意再侍候她。他的父親告誡他：「孩子，記住，這就是你的工作！不管顧客說什麼或是做什麼，你都要做好自己的工作，並且以應該有的禮貌去對待顧客。」父親的話，讓弗雷斯深受震撼，許多年以後，他仍然無法忘記。弗雷斯說：「正是在加油站的工作，使我學到嚴格的職業道德和應該如何對待顧客。這些東西在我以後的職業生涯中，產生非常重要的作用。」

羅曼・羅蘭曾經說：「只有把抱怨別人和環境的心情轉化為上進的力量，才是成功的保證。」以勇氣面對讓自己困苦的事物，淡然地面對別人的折磨，才可以不斷磨練自己，才可以不斷取得進步，才可以顯示自己的勇氣和信心。

日本企業家福富年輕的時候曾經做過服務生，他的老闆毛利經常嚴厲地指責他。每次挨罵，他的心裡都會很難過，可是他發現自己挨罵以後，都會得到一些啟示，學會一些事情。後來，福富深有感觸地說：「被別人指責訓誨，就是在接受另一種形式的教育。」對於毛利的不斷教導，福富至今仍然感謝不已。

那些折磨你的人，你為什麼不對他們心存感激？也許他們放大你的缺點，甚至無中生有，正是這些放大和無中生有，讓你瞭解自己的缺點並且改變它，磨練你的意志，讓你變得堅強。所以，在批評和諷刺之下，感謝折磨你的人，不氣餒，用自信做支撐，用實力去說話，這樣一來，你註定會與成功結緣。

感謝折磨你的人，就不會感到困苦，你的生活就會洋溢更多的歡笑和陽光，世界在你的眼裡才會更美麗動人。

第18課

承認糟糕的現實，無損自己的品格

外表往往容易被我們曲解

在《小王子》故事中，狐狸對小王子說，真正重要的東西，肉眼是看不見的，要用心去觀察。確實是這樣，如果我們想要透過自己短暫的觀察，對一個陌生的事物給出中肯的評價，往往會有很多誤解在其中。

兩個旅行中的天使到一個富有的家庭借宿。這家人對她們不友善，儘管他們有漂亮的空房，卻拒絕讓她們在舒適的客房裡過夜，而是在冰冷的地下室，給她們找了一個角落。她們鋪床的時候，老天使發現牆上有一個洞，於是仔細地修補它。小天使迷惑地問為什麼，老天使搖了搖頭，微笑地回答：「孩子，你要記住，有些事情不像它看起來的那樣。」

第二天晚上，兩個天使又到一個非常貧窮的農家借宿。主人夫婦對她們非常熱情，把僅有的一些食物拿出來款待她們，又讓出自己的床鋪給她們。隔天早上，兩個天使發現農夫和他的妻子在哭泣，他們唯一的生活來源——那頭乳牛死了。

老天使看著夫婦二人哭泣卻什麼也不說，小天使知道乳牛的死絕對和老天使有關係，非常憤怒地質問老天使為什麼會這樣：第一個家庭什麼都有，老天使還幫他們修補牆洞；第二個家庭如此貧窮，卻還是熱情款待客人，但是老天使卻沒有阻止乳牛的死亡。

「有些事情不像它看起來的那樣。」老天使再次微笑著回答，「我們在地下室過夜的時候，我從牆洞看到牆裡面堆滿古人藏於此的金塊，因為主人被貪欲迷惑，不願意別人分享他的財富，所以我把牆洞填上，他們永遠不會擁有更多的財富。昨天晚上，死亡之神來召喚農夫的妻子，我讓乳牛代替她。所以，有些事情不像它看起來的那樣。」

小天使為什麼抱怨？因為她的理智被她看見的許多現象和外表迷惑了。

有時候，事情的表面不是它實際的樣子。我們不成熟的心智甚至道德上的缺失，都會阻礙探尋真理的道路。這個世界真的很複雜，真理往往細弱如絲，人們會對不瞭解的事情以及尚未為人所知的領域做出錯誤的判斷。

在大雁遷徙的時候，一群中間會有一隻雁奴，總是保持警覺以提防危險。有經驗的獵手都知道，因為雁奴的存在，接近雁群非常困難，但是他們總是可以射到雁。獵手會故意驚動雁奴再潛伏不動，雁奴會立刻向同伴發出警告，正在棲息的雁群聞訊以後紛紛出逃，但是沒有發現什麼，又飛回原地。

如法炮製幾次以後，所有的大雁都以為雁奴謊報軍情，把不滿發洩在雁奴身上，可憐的雁奴被啄得傷痕累累。這個時候，獵手們開始接近雁群，雁奴雖然看在眼裡，但是懶得再管……

悲劇往往就是這樣發生的，外表總是被人們曲解。這種曲解又會被別人利用，這個時候，我們只能像德國詩人歌德曾經說的那樣：面對像上帝一樣的真理，我們看不見它的本來面目，必須透過它的許多表現而猜測到它的存在。

遇到一件事情的時候，要盡自己所能地進行全面而深刻的瞭解和分析，在很大程度上是因為有些事情不像它看起來的那樣。

危機是化了妝的機會

從「危機」一詞的組合中，我們可以看出：在危險之中，往往蘊藏著新的機會。那些善於思考的人，總是可以變「危機」為「良機」。

在我們看來是一件壞事，但是有些人卻可以從中看到機會。我們經常誤解好人與壞人的樣子，也經常誤解機會與危險的樣子。

十九世紀，美國加州發現金礦的消息，使得數百萬人湧向那裡淘金，十七歲的女孩雅木爾也加入這個行列。一時之間，加州的淘金者面臨缺乏水源的威脅。大多數的人沒有淘到金，雅木爾也沒有淘到金。

可是細心的雅木爾卻發現，遠處的山上有水源。她在山腳下挖溝引渠，積水成塘。然後，她把水裝進桶子裡，每天走幾十里路賣水，不再去淘金，做沒有成本的買賣，生意非常好，可是淘金者之中有許多人嘲笑她。許多年過去了，大多數淘金者空手而歸，雅木爾卻獲得六千七百萬美元，成為當時很富有的人。

塞翁失馬，焉知非福。任何危機都蘊藏著新的機會，這是一個顛撲不破的人生真理。是否可以有效地利用危機，從危機中發現機會，就是獲得成功的關鍵。

每次看到短跑運動員在田徑場上飛奔的時候，人們忍不住會問一個問題：這些運動員在平時也會以這種速度跑步嗎？這是一個看起來非常愚蠢的問題，但是由此可以引申出一個更有深意的問題：為什麼這些運動員平時的速度跟比賽的速度會有如此大的差異？

一個簡單而合理的解釋是：他們在平時不會保持高度緊張。確實如此，對於比賽中的運動員來說，不停跳動的秒針、身邊閃過的選手，以及前方不遠處的終點線……都會給他們帶來巨大的壓力，使其無形之中產生一種強烈的壓迫感，進而使他們的精神也會因此保持高度緊張，速度自然也會加快。

在哈佛大學，曾經有一個故事：

一位受到學生愛戴的教務長，有一次問一個學生：「為什麼沒有完成指定的作業？」學生回答：「我覺得不太舒服。」

教務長說：「我想，有一天你也許會發現，世界上大多數的事情都是由覺得不太舒服的人完成的。」

這個故事很短，可是它卻給壓力或是危機管理做出一個最好的注解。

也許你現在的情況很糟糕，但這只會是一個暫時的情況。可能你還沒有認識到自己處於一個重要的改變自我、突破自我的階段，可能你對現在自己的困境難以承受，並且不願意向別人透露，但是在瞭解秘密法則的時候，你要知道：即使情況很糟糕，也要學會從積極的方面來看待問題。如果是這樣想，你就會發現，對別人來說糟糕的危機或壓力，對你來說可能是化了妝的機會。

施與別人的恩惠，永遠不要再提起

太陽給我們那麼多溫暖和詩意，它得到我們怎樣的回報？大樹和小草給我們那麼多綠意和芬芳，它們得到我們怎樣的回報？太陽的偉大，大樹小草的無私，正是在於它們不求回報。

為什麼我們要記住自己曾經給予別人的恩惠？不求回報，是付出之後登臨的至高境界。

我們做了一件好事，另一個人由此得益，其實這樣就足夠了，這就是對我們最大的回報。為什麼要像傻瓜一樣，尋求除此之外的第三件事情——得到做了一件好事的名聲，或是獲得一種回報？

給別人恩惠的目的，就是為了讓他得到幫助，由幫助別人而得到心靈的愉悅與滿足，就是對自身的回報。河水阻隔道路，架起一座橋，給行人方便就是回報，何必要聽人們的讚歎，看在橋頭立下稱頌的碑文。春天播種，夏天耕耘，收穫秋天的豐碩和冬天的醞釀就是回報，何必要強求農夫像詩人一樣，在天高雲淡下和雪花飛舞中禮讚放歌。把自己對別人的恩惠記在帳上，等待別人的某種回報，就會扭曲付出的本意，是對這種幫助的褻瀆。

一九六三年，一個女孩寫信給一家報社的總編輯：她為媽媽摘回一籃草莓，媽媽只是誇獎她一句「好孩子」，卻給調皮貪玩的弟弟一個蘋果。她不禁懷疑，自己和周圍的好孩子都被上帝遺忘了。總編輯收到女孩的來信，看了以後心裡十分難過，可是他不知道應該如何回答這個問題。就在第二天，一位朋友邀請他參加一場婚禮，就在這場婚禮上，他找到問題的答案。

牧師主持結婚儀式，新娘和新郎開始互贈戒指，或許是他們太激動了，把戒指戴在對方的右手上。旁邊的牧師看見了，幽默地說：「右手已經很完美了，你們還是用它來裝扮左手吧！」

牧師的話，讓他豁然開朗：「右手已經很完美了，沒有必要再用飾物裝點右手。同樣地，那些有美德的人，之所以經常被人們忽略，不就是因為他們已經很完美了嗎？」他終於找到女孩要的答案：上帝讓右手成為右手，就是對右手的最高獎賞；同樣地，上帝讓好孩子成為好孩子，就是對好孩子的最高獎賞。

他發現這個真理以後，興奮不已，當天晚上立刻回信給女孩。他在信中安慰女孩：「你不要煩惱，不要憂愁，上帝讓你成為一個好孩子，就是對你的最高獎賞！」

做了一件好事之後，不吹噓自己的高尚，不企求別人的讚美，默默地沿著自己的生活軌道繼續前進，盡其所能地做另一件好事，這樣的做法才符合人類的本性。

對於一個認真履行自己職責的人來說，無論是凍餒還是飽暖，嗜睡還是振作，被人指責還是被人讚揚，完全沒有差別。在他們的眼裡，這些只是一個人從生到死必定要經歷的過程。

這個世界上，有許多事情是我們無法控制的，但是我們可以控制自己的行為。如果在做事之前，就先想要得到，這是一種貪婪、自私的哲學，只會對我們造成傷害。

有一個老人和他的孫子住在肯塔基州西部的農場，每天早上，他都會坐在廚房的桌邊讀《聖經》。一天，他的孫子問：「爺爺，我試著像你一樣讀《聖經》，但是不瞭解其中的意思，讀了很久才理解一些，可是闔上書又立刻忘記了，這樣讀《聖經》會有什麼收穫？」

老人安靜地把一些煤投進火爐，然後說：「用這個裝煤的籃子，去河裡打水回來。」

孩子照做了，可是籃子裡的水在他回來之前就漏光了，孩子疑惑地看著爺爺。老人看著他手裡的空籃子，微笑著說：「你應該跑得更快。」說完，讓孩子再試一次。

這一次，孩子加快速度，但是籃子裡的水依然在他回來之前就漏光了。他對爺爺說：「用籃子盛水是不可能的。」說完，他去房間裡拿出一個水桶。

老人說：「我不是需要一桶水，而是需要一籃子水。你可以做到的，只是沒有盡全力。」然後，他來到屋外，看著孩子再試一次。

現在，孩子已經知道用籃子盛水是不可能的。儘管他跑得飛快，但是跑到老人面前的時候，籃子裡的水還是漏光了。孩子喘著氣說：「爺爺，你看，這根本沒有用。」

「你真的認為，這樣沒有任何用處嗎？」老人笑著說，「你看看這個籃子。」孩子看了看籃子，發現它與之前相比，確實有一些變化。籃子十分乾淨，已經沒有煤灰沾在籃子上。

「孩子，這和你讀《聖經》一樣，你可能什麼也沒有記住，但是你讀《聖經》的時候，它依然在影響你，淨化你的心靈。」

行善的最大作用，就是淨化自己的心靈，除此之外，別人榮譽和金錢上的回報，都是一種貪婪。

追求口頭上的美德，只會讓美德遠離我們

但丁說：「我們不能像動物那樣活著，應該追求知識和美德。」在我們成長的道路上，無論安逸舒暢還是艱難險阻，都要自始至終保持自己的德行，向前符合神意，退後符合人道。這樣一來，上帝才會保佑我們，我們才會受到別人的尊敬，名聲自然顯揚，利祿自然來到。

真與假是無法掩飾的，褒揚及貶斥不能任意扭曲。有些人巧言令色，也許你會覺得他們忠厚而老實，其實他們心懷詭詐。這個世界上，永遠有雪亮的眼睛，上帝會在冥冥之中安排一切，損人而利己，只是給自己掘下陷阱。

我們的地位高低，不是固定不變的，而是自己招致的。只要捨棄所有的虛飾和做作，遵循真正的行善之道，不主觀專斷，觀察別人的長處，就可以通達。真心實意為別人設想，遠離刻意和虛偽，應該得到的就會讓你得到。

黃昏時刻，有一個人在森林中迷路。天色漸暗，夜幕即將籠罩。只要一步走錯，就有掉入深坑、陷

入泥沼，或是落入野獸口中的危險。突然之間，眼前出現一個流浪漢，他不禁歡喜，上前探路，這個陌生的流浪漢友善地答應幫助他。走了一會兒，他發現這個陌生人和自己一樣迷茫，於是失望地離開這個迷途的陌生夥伴。

不久，他遇到第二個陌生人，這個人肯定地說自己擁有可以逃出森林的精確地圖，他立刻跟隨這個人，卻發現他是一個自欺欺人的人，他的地圖只是自我欺騙情緒的產物。於是，他陷入絕望之中，漫無目的地走著，一路的驚慌和失誤，使他由彷徨而變得恐懼。無意間，他把手插入口袋，找到一張正確的地圖。

他若有所悟地笑了：原來，它始終在這裡，在自己的身上尋找就可以了。從前，他忙著詢問別人，反而忽略最重要的事情——在自己的身上尋找。

只要做自己應該做的，自然而輕鬆地把手伸進自己的口袋，就可以找到你需要的那張地圖，而不是在別人的身上。同樣地，想要得到美德，只要做自己應該做的，就可以自然地得到，它沒有想像中的那麼高不可攀，它就在距離你最近的地方，只是需要你用心去採擷。

第19課

縮小自我，就會得到安寧

你抵抗的，會持續存在

你對班上一個同學的印象不好，具體原因不重要，你看到他的時候，會在心裡說：「這個人很討厭，我不想看到他。」但通常的情況是：你在公車上聽到有人叫你的名字，是那個你不喜歡的人；你在書店看書，竟然可以遇見他；老師發考卷的時候，把你的考卷放在他的位置上……

在生活中，經常會出現這種現象，為什麼會這樣？瑞士心理學家榮格說：What you resist persists——你抵抗的，會持續存在。

這個觀念可以用榮格自己的經歷來證實。

一八七五年，榮格出生於瑞士一個對宗教相當熱衷的家族，家裡有八個神職人員，父親是一位把信仰當作自己全部生命的虔誠牧師。在這樣的家庭環境中，他應該也會受到薰陶而成為上帝忠實的兒子，但是事實上，他是一個奇怪而憂鬱的孩子，喜歡獨自玩耍，經常以一些幻想遊戲自娛自樂。六歲以後，他從父親那裡開始學習拉丁語，也開始上學。榮格回想自己上學之後的情況，他把自己分成兩個人格：

一號和二號。一號人格如同孩子，上學念書、專心、認真學習；二號人格猶如大人，不輕易相信別人，遠離人群，靠近自然。

十二歲的一個初夏的中午，榮格等待同學的時候，一個男孩猛然推倒他，導致他的頭部受到重擊。接下來的幾個月內，榮格必須回到學校或是面對功課的時候，就會陷入昏厥的狀態。當時，有些人認為這是一種癲癇，醫生也無計可施。榮格開始自我調整：剛開始，認真十分鐘以後，暈眩的感覺襲上心頭，但是他強迫自己繼續看父親的拉丁文書，幾個星期以後，一切又回復原狀，彷彿什麼事情都沒有發生過。後來，榮格將這件事情視為一個可恥的秘密，只要想到它就會覺得很羞愧，但是它卻誘發榮格開始探索人類的意識。

在學校勤奮的學習，使榮格越來越認同自己的一號人格，容易讓他感到沮喪的二號人格的世界逐漸地消逝。他開始接觸西方哲學史，被柏拉圖、畢達哥拉斯、恩培多克勒吸引。最讓榮格感興趣的是叔本華的著作，他似乎在其中找到自己的知音。

榮格頭部受到重擊以後產生的那種癲癇（暫且稱之為癲癇）症狀，在他自己的治療下痊癒了，說明這不是生理上的疾病，而是心理上的、意識中的抵抗。如果榮格一直對自己說：「我不要這樣的症狀，我討厭口吐白沫的樣子。」這樣的症狀不會消失，甚至可能越來越嚴重。榮格從分析和研究的角度來面對這種症狀，不排斥也不興奮，最終反而可以消除它。

為什麼不要關注那些不好的事情？因為有些人關注於自己不希望發生的事情，以至於這件事情變成現實。

德蕾莎修女曾經說：「我不參加反戰的遊行，但是如果你們要舉行和平的遊行，請通知我。」看看德蕾莎修女的人生，就可以明白她說這句話的用意。

一九一〇年，德蕾莎修女出生於南斯拉夫，二十七歲正式成為修女，一九四八年遠赴印度加爾各答，一九五〇年正式成立仁愛傳教修女會，竭力為貧困中的窮苦者服務。

德蕾莎是一位滿臉皺紋、瘦弱文靜的修女，但是一九九七年九月，她去世的時候，印度政府為她舉行國葬，全國哀悼雨天。成千上萬的人冒著傾盆大雨走上街頭，為她的離去流下哀傷的眼淚。

她曾經於一九七九年獲得諾貝爾和平獎，並且被人們尊稱為「貧民窟的聖人」，世人親切地稱她為「德蕾莎嬤嬤」。她放棄在修道院的優越生活，走出修道院的高牆，來到被印度總理尼赫魯稱為「噩夢之城」的加爾各答。她在那裡開辦學校，到病患的家中醫治他們，並且給他們帶來溫暖。

她無數次地握住那些在街上即將死去的窮人的手，給他們臨終以前最後的溫暖，讓他們微笑著離開這個殘酷又冷漠的世界；她親吻愛滋病患者的臉龐，為他們籌集醫療資金；她為柬埔寨的難民送去輪椅；她細心地從難民潰爛的傷口中撿出蛆蟲；她親切地撫摸麻瘋病人的殘肢……

她在加爾各答的街上遍尋垂死者，與仁愛傳教修女會的修女們將愛心和慰藉帶給四百萬被捨棄街頭的人。超過半數的人，在德蕾莎修女等人的悉心照顧下，日漸康復。

看看德蕾莎修女在這個世界上的作為，就知道她是一個智慧的人。**去做消滅你不喜歡的對象的事情，而不是加強你的厭惡感。**

爭吵，都是因為把自己看得太重要

為什麼家人之間彼此關心，卻還是無法避免爭吵？爭吵的雙方幾乎都有同樣的感覺：對方不瞭解我的感受，也沒有為我考慮。父母覺得是為了孩子好，是孩子不懂事；孩子覺得父母自作主張，沒有徵求自己的意見。

一六五四年，瑞典與波蘭發生大規模戰爭，只是因為在一份官方文書中，瑞典國王的名譽頭銜比波蘭國王少一個；一個男孩向吉斯公爵扔了一塊石頭，於是引起瓦西大屠殺，二十三萬多人在屠殺中喪生，之後更是發生長達三十年的法國第一次宗教戰爭……

很多的爭吵與衝突，都是因為我們把自己看得太重要。**林語堂有一句很深刻的話：「自己萎弱，惡人健全；自己惡動，忌人活潑；自己飲水，嫉人喝茶；自己呻吟，恨人笑聲，總是心地欠寬大所致。」**把自己看得太重要，就會輕視別人的感覺。對方有什麼地方不合自己的心意，就會心生憤懣，讓自己痛苦，對方卻覺得莫名其妙。

南非第一位黑人總統曼德拉，曾經因為自己反對種族歧視的主張而被捕入獄二十七年，他出獄並且當選總統以後，還是有歧視黑人的事件發生，而且還有人明目張膽地將矛頭指向曼德拉的黑人身分。

二〇〇〇年，在南非政府總部大樓的一間辦公室裡，工作人員像往常一樣打開電腦辦公，出現的畫面讓人們驚呆了：曼德拉總統的頭像，逐漸變成一隻黑猩猩。政府部門和南非的黑人民眾為之憤怒，社會掀起一股不平靜的反對歧視浪潮。

曼德拉聽聞自己的「黑猩猩形象」之後，沒有像同事們那樣憤怒，他平靜地說：「我的尊嚴不會因此而受到損害。」幾天以後，在參加南非地方選舉投票的時候，投票所的工作人員對照他身分證上的照片與其本人的時候，曼德拉笑著說：「你看我像黑猩猩嗎？」在場的人開懷大笑。之後，在一所農村學校的竣工典禮上，曼德拉幽默地對孩子們說：「黑猩猩看到你們有這樣的好學校，也會十分高興！」話音剛落，數百個孩子幸福地笑了。

面對別人的惡意嘲諷，曼德拉只是坦然一笑，他的尊嚴不僅沒有受到損害，而且贏得人們的稱讚和敬重，那些生活在歧視之中的黑人，也看到光明的前途。試想，如果曼德拉因為針對自己的侮辱而進行政治鬥爭，國家的發展又會如何？

把自己看得太重要的人，無法容忍別人對自己的挑釁，經常將自己受到的傷害放大，因此感到非常痛苦；心中有大局的人，可以把自己置身事外，忽略別人對自己的傷害，讓事情朝著最好的方向發展，也可以保護自己的情感。可以開創事業的人，是一個心胸開闊的人。心胸開闊的第一步，就是要放下自己，敞開心扉。

我們如何控制自己的情緒、縮小自我、擁抱世界？

一個正確的人生方向，可以幫助我們達成這個目標。沒有目標的旅途，總是伴有許多消極的情緒，但是一個光明的目標，可以消除很多陰暗的想法。目標猶如心靈的歸宿，偉大的目標讓心靈充滿力量，看到自身的渺小，不會過於重視眼前的得失。

此外，我們必須學習處理人際關係的技巧。與別人相處，經常會發生一些不愉快的事情，如果太重視自己，缺乏氣量，斤斤計較，很難交到朋友；相反地，如果胸懷寬闊，讓不愉快的事情隨風而逝，就會有更多的時間去感受快樂。謙遜、忍讓、寬容是我們在交往中必須擁有的品格，如果無法擁有良好的人際關係，這些品格就會失去價值和意義。

最後，我們必須有意識地開闊自己的視野。以自我為中心的人，總是生活在狹窄的世界裡，隨時提防傷害，無法看到遠處的美景。參加一些社會活動，閱讀優秀的作品，看到那些優秀的人經歷的苦難，自己的困境就會變得不再那麼重要。

所有與你和諧的東西，也與我和諧

縮小自我以後，我們如何認識宇宙？

宇宙是一個秩序井然、運行有序的宇宙，世界是一個渾然一體、和諧共榮的世界。和諧即倫理，而且是倫理的至高境界。

和諧是鳥兒堅硬的翅膀，沒有它，人類無法飛翔；和諧是汽車提供動力的引擎，沒有它，人類無法奔馳。人類是宇宙體系的一部分，人類的本性與萬物的本性相同，我們應該與宇宙的目的互相協調而行動，力圖在神聖的目的中實現自己的目的，以求達到最大限度的完善。

第二次世界大戰期間，德軍包圍聖彼得堡，企圖用轟炸機摧毀其軍事基地和其他防禦設施，一位名叫施萬維奇的昆蟲學家也被困在聖彼得堡城中。

由於戰火紛飛，軍營附近的生物慘遭傷害，作為昆蟲學家的施萬維奇非常難過。有一天，他看到樹枝上停著一隻美麗的蝴蝶。施萬維奇向蝴蝶揮了揮手，希望牠遠離這個危險的環境。但是蝴蝶反覆試了幾次，還是飛不起來。經驗豐富的施萬維奇看出其中的隱情：牠一定是受傷了。

施萬維奇小心翼翼地將蝴蝶帶回軍營，給蝴蝶受傷的翅膀上藥。兩天以後，蝴蝶逐漸地康復，施萬維奇依依不捨地將牠放回大自然。

第二天早上，奇蹟出現了，施萬維奇和他的戰友們發現，一夜之間，門前停滿了蝴蝶，花花綠綠的，在陽光下撲閃著美麗的翅膀。施萬維奇非常激動，研究昆蟲多年，沒有見過如此壯觀的場面。施萬維奇突然靈機一動，如果用這些蝴蝶來偽裝軍事基地，就不會被德軍的飛機發現。但是，對於軍事基地來說，這些蝴蝶還是不夠啊！

最後，施萬維奇想出用黃、紅、綠三種顏色塗在軍事基地上的方法，把軍事基地裝扮成一件巨大的迷彩服。因此，德軍在飛機上看到的只是一片花草蝴蝶的海洋。儘管德軍費盡心機，聖彼得堡的軍事基地仍然安然無恙，為贏得最後的勝利奠定堅實的基礎。

事後，施萬維奇對那次蝴蝶集會的唯一解釋是：那隻蝴蝶為了報恩，號召同伴利用自己天生偽裝的特長，啟發施萬維奇萌生掩護軍事基地的靈感。

在我們的生活中，一花一木都是宇宙的組成，它們蘊涵這個宇宙的訊息。如果可以讀懂它們，就可以讀懂生命和宇宙。

與別人和諧相處，不是一件容易的事情，表現得過於謙卑隨和，可能會被別人看不起，表現得過於強勢霸道，難以獲得別人的認同。讚美容易被誤解為奉承，自尊也會被混淆於虛榮，只有做得恰到好處，才可以稱得上「和諧」。

與別人和諧相處，首先要避免挑剔和苛責，對於那些以言辭冒犯我們的人，如果他們表現出和解的意願，就應該與他們和解。憑藉自身的品格使別人警醒，不要對別人說教，透過自身的行為，為別人做出品格方面的榜樣，以尊重和柔情使別人感到愉悅，讓別人瞭解自身的義務，就可以享受生命的喜悅。

人生最大的和諧，就是放棄要改變世界成為自己希望的模樣的想法，創造一個理想的世界在自己的周圍，也允許別人選擇的世界模式與之並存。

要做的是讓自己進步，而不是和別人競爭

假如有一天，與你處於競爭狀態的人向你求助，希望得到一份對你戰勝他產生關鍵作用的文件，你願意分享嗎？或是你知道這個秘密，也發現它對自己有很大的幫助，你願意將它公之於眾嗎？

這是一個艱難的選擇。因為我們現在所處的環境告訴我們：「沒有足夠可用的資源，只有貧乏限制和不足。」事實的真相是：有用之不竭的資源，有無窮的創意，有無盡的動力，有無限的歡樂……**這個正是秘密法則的優美之處，它告訴我們：不必感到憂慮和危險，不必提防別人，應該專注於自己的進步，這才是我們一生中唯一重要的事情。**

如果在生活中有一個人，他具備高尚的品格和德行，不是為了贏得別人的讚賞和長久的名聲，也不期待這些可以為自己帶來某些現實的利益，只是對於自己品格高尚而感到滿足，不需要其他東西來填充自己的人生，他絕對可以贏得人們的尊重。

一個燈塔守護人在一座孤島上生活了將近四十年。他還是一個青年的時候，就跟隨伯父來到這座孤

島。白天，叔侄兩人出海捕魚；晚上，燃起篝火，為過往的輪船引航。

二十年以後，伯父去世了，他獨自守護孤島上的燈塔。一個狂風暴雨的夜裡，一艘客輪在燈塔的指引下，安全地停泊在孤島避風處的港灣。船長上岸以後，萬分感激地對守塔人說：「如果沒有這座燈塔的指引，我這艘客輪，還有滿船的乘客，已經葬身海底了。作為感謝，我要帶你離開這個地方，而且每個月至少給你兩千五百美元的薪水。」

守塔人笑著搖搖頭。

船長大惑不解：「難道你不想過著安逸的生活嗎？」

守塔人平靜地說：「我想！但是這裡就是我的崗位。十年以前，遭遇風暴的船長和你一樣，答應給我三千美元的薪水。可是假如我當時答應他離開這裡，後來的那些船隻，包括你的客輪，今天還可以獲救嗎？」

船長如夢方醒，激動又慚愧地擁抱守塔人。

不注意過去，不擔憂未來，只使自己的現在符合理想。不管外部纏繞的事物漩渦如何旋轉，堅持做正當的事情、接受發生的事情。不斷完善自己的品格，像一個沉思者一樣，反省自己過去的行為，不斷檢討和改進，為這個世界呈現一個更優秀的自己，就是你可以做得最好的事情。

第20課

學會情緒能量的轉化

讓壞習慣不再如影隨形

「你什麼時候才可以改掉亂丟東西的壞習慣？」

「又遲到了，別人都在等你，加快速度！」

……

你是不是也有一些壞習慣？對於這些壞習慣，你是如何看待的？經常聽到有人說：「沒關係！每個人都有壞習慣！」現實生活中，對此抱持無所謂態度的人很多，你是否也是其中一個？

美國著名心理學家威廉・詹姆斯說：「播種行為，收穫習慣；播種習慣，收穫性格；播種性格，收穫命運。」一個好習慣可以成就我們，一個壞習慣卻會葬送我們。

試想，一個生活懶散又沒有規律的人，怎麼約束自己勤奮學習和工作？一個不關心外在世界的人，怎麼會有胸襟和見識？一個自以為是的人，如何和別人合作溝通？一個思緒混亂的人，做事的效率會有多高？一個無法獨立思考的人，怎麼會有判斷能力？

古希臘哲學家柏拉圖對一個年輕人說：「人類是習慣的奴隸，養成一種習慣以後，再也無法改變過來。」

那個年輕人回答：「逢場作戲有什麼關係？」

柏拉圖嚴肅地說：「你錯了，嘗試一件事情以後，就會逐漸成為習慣，那就不是小事！」

習慣的養成是一個不斷重複的過程，我們重複相同行為的時候，就是在強化這個行為，最終就會成為根深蒂固的習慣，控制我們的思想與行為。

正如英國桂冠詩人德萊頓在三百多年以前所說：「首先我們養出習慣，隨後習慣養出我們。」想要擁有一個美麗的人生，就要養成好習慣，從現在開始，改掉壞習慣。

「如何改掉壞習慣？」很多人都問過同樣的問題。想要讓壞習慣不再如影隨形，就要自己加以排解。

可以從以下幾點出發：

（一）瞭解不良習慣的危害性。不良的習慣會影響我們的身心健康和行為方式，必須建立戒除不良習慣的意識。

（二）以好習慣取代壞習慣。壞習慣之所以存在，是因為它可以在一定程度上使我們得到心理上的滿足。所以，如果要與壞習慣徹底告別，可以找一個同樣使自己感到滿足的習慣來取代它。

（三）尋求支持。許多戒除不良習慣的人知道，別人的支持非常重要，是防止復發的有效方法。這種支持可以來自家庭和朋友，以及志同道合的同事。

（四）避開誘因。如果你習慣在晚上喝咖啡，這樣很容易變得興奮因而影響睡眠，可以改喝白開水或其他飲料。

（五）自我獎勵。取得微小的成功——例如：堅持練琴一個月，可以進行自我獎勵。

（六）不找藉口。要防止自欺欺人，「這是最後一次，這次之後不會了。」……諸如此類的藉口，都是下次再犯的苗頭和徵兆。

無限開發你的潛能

「我做得到嗎？我覺得自己可能會失敗，如果失敗了，別人就會取笑我。」很多人在機會到來的時候，充滿畏懼和懷疑，他們不可能有所成就，因為他們害怕前進，只能停留在原地。相反地，有些人對自己充滿自信，他們知道自己天生就是勝利者，於是逐漸邁向成功。他們唯一不同的地方在於：前者沒有意識到自己體內潛藏的巨大力量，後者可以發現並且加以利用，最後獲得自己想要的成功。

「潛能？怎麼證明每個人的身上都有潛能？」也許你無法立刻接受，於是這樣問。

這個實驗會讓你信服：

將一個體力平常的人進行催眠，然後把他的頭和腳放在兩把椅子上，讓身體懸空。此時，讓六個人站在他的身上，他竟然可以撐住。

後來，在他的身上放了一塊木板，讓一匹馬站上去，他竟然也可以撐住。按照一個人平均的體力，絕對無法支撐一千多磅的重量，但是在催眠的狀態下，他竟然毫無困難地做到了。

你一定會想，這種巨大的力量來自哪裡？是不是來自於催眠師？事實上，催眠師的作用只是把被催眠者的力量從身體裡激發出來，這種力量不是來自於外部，而是來自於他的身體內部，這就是潛伏在他體內的巨大潛能。

美國心理學家安東尼・羅賓斯的著作《喚起心中的巨人》向我們說明一個道理：在每個人的潛意識深處，都有無限的智慧和力量，等待你去發現並且開發。只要你願意開放自己的心靈去接受，潛意識中的無限智慧就會在任何時間為你提供自己需要的所有事物。你可以接受新的思想和觀念，使你可以提出新的發現，或是寫出新書和新劇本；潛意識中的無限智慧，甚至可以把各種奇妙的知識，完整無缺地傳授給你。它可以指引你，為你打開道路，使你可以在生活中完美地發展自己，並且達到自己真正應該達到的程度。

既然潛能對一個人的影響如此巨大，應該如何開發它？

（一）使用已經具備的能力。只有使用能力，能力才可以產生實際效用。很多沒有上過大學的推銷員比那些修習行銷科系的大學生的推銷能力更強，正是他們在使用中開發潛能的緣故。

（二）集中自己的力量。面對種類繁多的各種潛能，不要對每種潛能都投入精力去開發，這樣容易分散有限的精力，應該根據自己的優勢，集中力量，選擇一種關鍵潛能進行開發而取得突破。

（三）根據自身的天賦和資質，確定應該努力開發的潛能。只有這樣，才可以使潛能的開發事半功倍。

（四）承受適當的壓力。每個人都有惰性，只有在一定的壓力下，才可以最大限度地開發自身的潛能。適當的壓力，不僅是行動的最佳保障，而且可以把潛能發揮到極致，創造出令人震驚的奇蹟。

辨別體內的金礦，然後不斷開發，它會讓你得到意想不到的收穫。

解開內心擰在一起的麻花

「要是……就好了！」很多人如此感歎。

很多人經常對已經發生的事情追悔莫及，這是一種很正常的現象，每個人都會有這樣的體驗。

安東尼．羅賓斯經常以愉快的方式來結束每一天，他告誡我們：「時光一去不返，每天要盡力完成應該做的事情。疏忽和荒唐之事在所難免，盡快忘記它們。明天是新的一天，應該重新開始，振作精神，不要使過去的錯誤成為未來的包袱。以悔恨來結束一天，實在是不明智之舉。」

想要成為一個快樂的人嗎？其中最重要的一點是：將過去的錯誤、罪惡、過失全部忘記，然後堅定地向前看。只有忘記過去的事情，努力朝著未來的目標前進，才可以使自己不斷走向輝煌。

有一位企業家做出一個錯誤的決定，這個決定讓他遭受巨大的損失。在此之後，他拒絕承認自己的失誤，拒絕接受不可避免的事實。結果，他失眠了幾夜，痛苦不堪，但是問題卻沒有解決。

更嚴重的是，這件事情讓他想起以前很多的挫敗，他在灰心失望中折磨自己。這種自虐的情形竟然持續一年，直到他向一位心理專家求救以後，才徹底從痛苦中解脫出來。

事實上，如果我們研究那些著名的企業家或政治家，就會發現，他們可以接受那些不可避免的事實，讓自己保持平和的心態，過著無憂無慮的生活。否則，他們之中的大多數人就會被巨大的壓力壓垮。

有一句古老的猶太格言這樣說：「對於必然之事，輕快地加以接受。」在這個充滿緊張的世界，你非常需要這句話。

所以，接受不可避免的事實，然後以樂觀的態度，輕鬆愉快地生活！

—第21課—

相信品格的魅力

用恆心與毅力雕琢成功

在《自己拯救自己》一書中，塞繆爾・斯邁爾斯為我們講述伯納德・帕里希憑藉自己的恆心與毅力取得成功的事蹟：

法國青年伯納德・帕里希在十八歲的時候就離開自己的家鄉，按照他自己的說法，那個時候的他「一本書也沒有，只有天空和土地為伴，因為它們對誰都不會拒絕」。當時，帕里希只是一個毫不起眼的玻璃畫師，然而他懷著滿腔的藝術熱情。

一次，帕里希偶然看到一個精美的義大利杯子，他被這個杯子迷住了，從此以後，帕里希過去的生活被打亂了。他的內心被另一種熱情佔據了：他決定要發現瓷釉的奧秘，看看它為什麼可以賦予杯子那樣的光澤。

此後，帕里希長年累月地把自己的全部精力投入對瓷釉各種成分的研究中。他自己動手製造熔爐，但是第一次的試驗以失敗而告終。後來，他又製造第二個熔爐，這次雖然成功了，然而這個爐子既費燃料又耗時間，讓他幾乎耗盡所有財產。因為買不起燃料，帕里希只能無奈地用普通的火爐。失敗對他已經是家常便飯，但是他從來沒有氣餒，在哪裡失敗就從哪裡重新開始。終於，經歷無數次的失敗之後，帕里希終於燒出色彩非常美麗的瓷釉。

為了改進自己的發明，帕里希用自己的雙手把磚頭疊起來，建造一個玻璃爐。終於，到了決定試驗成敗的時候，他連續高溫加熱六天。可是，出乎意料的是，瓷釉沒有熔化，他當時已經身無分文。帕里希只好透過向別人借貸買來陶罐和木材，並且想盡辦法找到更好的助熔劑。一切準備就緒之後，帕里希又重新生火。但是，這次直到所有的燃料都耗光了也沒有任何結果。帕里希跑到花園裡，把籬笆上的柵欄拆下來當柴火繼續燒。柵欄燒光了，還是沒有結果。他把家裡的家具扔進火堆，但是仍然沒有產生作用。

最後，帕里希把餐廳裡的架子砍碎扔進火裡。奇蹟終於發生了，熊熊的火焰把瓷釉熔化了，瓷釉的秘密終於揭開了。

事實再次證明：有志者事竟成。

歷史上許多作家的成功，都是由於他們的堅忍不拔。即使他們懷有天賦，領悟力超凡，但是他們的作品並非一蹴而就，只有經過精心細緻的雕琢，反覆地修改，才有偉大的作品誕生。

透過這些偉大的作品，我們可以體會到他們的艱苦。他們為了完成一部作品，往往要花費幾年甚至幾十年的時間。如果沒有堅強的恆心與毅力，怎麼可能克服許多困難，最後取得成功？

很多人總是抱怨自己的失敗，失敗的原因很多，無法持之以恆是最重要的因素，因為所有領域中的重大成就都與堅忍不拔的毅力有關。從某種意義上說，成功更多依賴的是人們的恆心與毅力，而不是天賦與才華。

英國著名外交官布爾沃曾經說：「恆心與毅力是征服者的靈魂，它是人類反抗命運、個人反抗世界、靈魂反抗物質的最有力的支持，它也是福音書的精髓。」才華雖然是我們渴望的，但是恆心與毅力更可以讓我們感動。

讓力量做船、勇氣做槳，共同駛向遠方

「我可以嗎？」你對自己充滿懷疑。

很多人都有這樣的想法，那是因為他們不知道自己擁有巨大的力量。

西元前一世紀，羅馬的凱撒大帝統領自己的軍隊抵達英格蘭以後，做出絕不退卻的決定。為了使士兵們知道他的決心，凱撒在士兵們的面前，將所有運載的船隻全部焚毀，不給自己的軍隊留下退路，最終他的軍隊取得戰鬥的勝利。

如果不是斷了後路，也許你永遠無法發現自己有如此巨大的力量。

想要成功，就要具備足夠的勇氣，而且要意志堅定。

事實證明，成敗完全繫於意志力的強弱。具有堅強意志力的人，就可以擁有巨大的力量，無論遇到什麼艱難險阻，最終都可以克服困難、消除障礙。

只有下定決心，才可以克服艱難而獲得勝利，才可以得到別人由衷的敬佩。只有下定決心，才可以增強信心，才可以發揮實力，進而在事業上做出偉大的成就。

對於很多人來說，猶豫不決成為一個難題，彷彿已經病入膏肓。無論做什麼事情，他們總是瞻前顧後，搖擺不定，缺少破釜沉舟的勇氣。當機立斷的人，進行決策的時候會迅速堅定，搶佔最佳時機；優柔寡斷的人，進行決策的時候會再三考慮，最終一無所成。

養成決策以後不再更改的習慣，進行決策的時候，就會運用自己最佳的判斷力，但是如果你的決策只是一個實驗，你不認為它就是最後的決斷，就會使自己有重複考慮的餘地，無法產生一個成功的決策。

斯邁爾斯曾經說：「每個人生來都具有強大的力量。人與人之間，弱者與強者之間，大人物與小人物之間，最大的差異就是在於他們對自身力量的發揮和利用。確立一個目標以後，透過奮鬥就可以取得成功。在對有價值的目標追求中，堅忍不拔的意志力是所有真正偉大品格的基礎。」

無數的事實向我們證明，想要有所成就，不僅需要力量，也需要勇氣作為後盾，堅強的意志力會讓我們無往不勝。

可以沒有天賦，但是不可以不勤奮

「我很聰明，不必那麼費力地學習，只有頭腦不好的人，才會一直捧著書本！」「知道什麼是天才嗎？天才就是不必費力地學習還是可以取得好成績的人！」很多人認為，一個人擁有天才的頭腦，成功就會唾手可得，事實並非如此。

米開朗基羅這樣評價另一位偉大的天才人物——拉斐爾：「他是有史以來最美麗的靈魂之一，他的成就更多的是得自於他的勤奮，而不是他的天才。」

有人問拉斐爾怎麼可以創造出這麼多奇蹟般完美的作品，拉斐爾回答：「我在很小的時候就養成一個習慣，那就是：不要忽視任何事情。」

這位藝術家去世的時候，羅馬民眾為之悲痛不已，羅馬教宗良十世為之哭泣。拉斐爾終年三十七歲，但是他留下兩百八十七幅繪畫作品，五百多張素描，其中一些繪畫作品價值連城。

或許你覺得這些距離自己太遙遠：你不是天才。正是因為如此，更需要加倍勤奮。拉斐爾具有如此高的天賦，尚且勤奮不息，更何況是我們！想要攀登高峰，沒有付出、沒有勤奮、沒有努力，絕對不可能成功。

美國媒體大亨泰德・透納的老師約書亞・雷諾德經常說：「那些想要超越別人的人，每時每刻都必須努力，不管自己是否願意。他們會發現自己沒有娛樂，只有艱苦的工作。」泰德・透納將這句話銘記於心，並且經常拿來引用。他聽從老師的勸告，一直「艱苦」地工作，他不僅因為覺得這是自己喜歡的事情而快樂，而且還有豐厚的回報。

美國偉大政治家亞歷山大・漢彌爾頓曾經說：「有時候，人們覺得我的成功是因為自己的天賦，但是據我所知，所謂的天賦只是努力工作而已。」

美國另一位傑出政治家丹尼爾・韋伯斯特在七十歲生日的時候，談到自己成功的秘密：「努力工作使我取得現在的成就。在我的一生中，從來沒有哪一天不在勤奮地工作。」

……

所有的這些人，不管是文學家、藝術家，還是政治家，都是勤奮的典型。**從他們的身上，我們應該清醒地意識到：可以沒有天賦，但是不可以不勤奮。**勤奮是「使成功降臨到個人身上的信使」，所以盡快地摒棄那些錯誤的想法，從現在開始，做一個勤奮的人吧！

沒有行動的車輪，生命的列車怎麼啟動？

「明天是星期六，我想要去書店買書！」

「這個週末，我們去圖書館吧！」

「媽媽，我們家的花園長出雜草了，明天我幫你一起除草吧！」

和很多人一樣，你總是計畫得很好，可是最終完成的沒有幾件，還要找出許多理由為自己解釋。

「臨時有事，太忙了！」

「我忘記了！下次吧！」

於是，很自然的，你又重複口頭演說，最終毫無行動。因為在內心深處，你從來沒有意識到行動的重要性，所以總是不願意去行動。

人類有兩種能力：思維能力和行動能力。很多人無法達到自己的目標，不是因為思維能力，而是因為行動能力。

俄國著名劇作家克雷洛夫說：「現實是此岸，理想是彼岸，中間隔著湍急的河流，行動是架在河上的橋樑。」

只有行動才會產生結果，行動是成功的保證。任何偉大的目標和計畫，最終都要落實到行動上。拿破崙說：「想得好是聰明，計畫得好更聰明，做得好是最聰明又最好。」

所以，不要只是憧憬，不要只是計畫，對於要做的事情，就應該積極地行動，行動才可以使一切成為可能。

傑米是一個很普通的年輕人，三十多歲，有妻子和小孩，收入不多。他們全家住在一間公寓裡，夫婦兩人都渴望有一間自己的新房子。他們希望有寬廣的活動空間、比較乾淨的環境，小孩有地方玩，同時也增添一份產業。

買房子確實很困難，必須有錢支付分期付款的首付款。有一天，傑米簽發下個月的房租支票，突然很不耐煩，因為房租跟新房子每個月的分期付款差不多。

傑米跟妻子說：「下個星期，我們去買一間新房子，你覺得怎樣？」

「你怎麼突然想到這個？開玩笑，我們哪有能力？可能連首付款也付不起！」他的妻子非常懷疑他的話。

但是他已經下定決心：「跟我們一樣，想要買一間新房子的夫婦，大約有幾十萬，其中只有一半可以如願以償，可能有一些事情使他們打消這個念頭。我們一定要想辦法買一間房子，雖然我現在不知道怎麼湊錢，可是一定要想辦法。」

下個星期，他們真的找到一間自己喜歡的房子，樸素大方又實用，首付款是一千兩百美元。他知道無法從銀行借到這筆錢，因為這樣會損害他的信用，使他無法獲得一筆關於銷售款項的抵押借款。

可是皇天不負苦心人，他突然有一個靈感，為什麼不直接找代銷商洽談，向代銷商借款？他真的這麼做了。代銷商起初很冷淡，由於傑米不斷堅持，他終於同意了：一千兩百美元的借款，每個月償還一百美元，利息另外計算。

現在他要做的是，每個月湊出一百美元。傑米和妻子想盡辦法，一個月可以省下二十五美元，還有七十五美元要設法籌措。

此時，傑米又想到另一個方法。第二天早上，他直接跟老闆說明這件事情。

傑米說：「老闆，為了買房子，我每個月要多賺七十五美元。我知道，你認為我值得加薪的時候一定會加薪，可是我現在想要多賺一些錢。公司的某些事情可能在週末做更好，你是否可以答應我在週末加班？」

對於他的誠懇和雄心，老闆非常感動，於是找出許多事情讓他在週末工作十個小時，傑米和他的家人開心地搬進新房子。

傑米可以買到新房子，是他堅持行動的結果，行動讓他的想法有實現的機會。

列車呼嘯而過的時候，你一定覺得很壯觀，但是如果沒有行動的車輪，它又如何飛馳？**生命也是如此，想要讓生命的列車啟動，只有行動！行動成為生命樂章中最動聽的音符。**

一第22課一

積極的想法就是一切

成功不論尊卑貴賤

「家裡的條件不好，我不可能會成功。」

「我的相貌平凡，怎麼會和成功扯上關係？」

「我的年齡太小了，他們不會要我的，看來我沒有希望了。」

生活中，很多人經常這樣抱怨。

他們羨慕成功者，甚至嫉妒成功者，但是他們從來不想做一個成功者，或是說即使夢想著成功，也不願意相信自己會成功，因為在他們看來，自己沒有資格成功。

事實上，成功不是少數人的專利，許多成功者的經歷告訴我們：成功的大門對任何人都是敞開的。

以下這個故事，也許會讓你領悟。

在美國紐約，有一個賣糖果的小販，每天固定出現在某個市區小孩聚集的地方，所以那裡的小孩沒有不認識他的。只要生意欠佳的時候，他就會放一些五顏六色、各式各樣的氣球升空，以此來吸引更多的孩子買糖。孩子們看到那些紅的、白的、黃的、黑的氣球升空，就會非常興奮，鼓掌叫好。

此時，有一個黑人小孩站在一旁，眼睛看著氣球，心中覺得很納悶，於是走過去問小販：「叔叔，為什麼黑色氣球跟其他顏色的氣球一樣，也會升空？」

小販不瞭解他的意思，反問他：「小朋友，你為什麼要問這個問題？」

黑人小孩回答：「因為在我的印象裡，黑人象徵貧窮、骯髒、痛苦、無知。我看到白種人、黃種人、印第安人成功致富，過著令人羨慕的生活，可是從來沒有聽過一個黑人出人頭地。所以，我看到紅色氣球、黃色氣球、白色氣球升空，這一點我相信，可是我本來不相信黑色氣球也會升空。真的，我剛才看到了，它也可以升空，所以我想要問問你。」

小販瞭解他的意思，告訴他：「小朋友，氣球是否可以升空，不是在於它的顏色，而是在於裡面是否裝滿氣體，只要裝滿氣體，不管什麼顏色的氣球，都可以升空。同樣地，人也是一樣，一個人是否可以成功，跟他的膚色、性別、國籍、種族沒有關係，要看他的內在是不是裝滿了獲取成功的勇氣和智慧。」

成功不論出身，即使家財萬貫、貌若天仙、地位尊貴，如果不努力，也無法取得成功。猶如故事裡的氣球，只要沒有裝滿氣體，當然無法升空。

成功就像一位寬厚的長者，它愛惜每個追求它的人，不計較我們是否具備某種特徵或條件，它在意的只是我們是否願意去追求，並且為之付出努力。**所以，多看到人生的光明面，多一些積極的想法，成功就會更靠近我們。**

轉換困難，才可以戰勝困難

一場大火突然熊熊而起，燒光了愛迪生的設備和成果，愛迪生卻說：「大火把我們的錯誤全部燒光了，現在我們可以重新開始了。」

一位記者問美國總統威爾遜「貧窮是什麼滋味」的時候，這位總統講述一段自己的故事：

我十歲的時候就離開家裡，當了十一年的學徒，每年可以接受一個月的學校教育。經過十一年的艱辛工作之後，我得到一頭牛和六隻綿羊作為報酬，我把牠們換成八十四美元。從出生到二十一歲那年為止，我從來沒有在娛樂上花過一美元，每個美分都是經過精心計算的。

在我二十一歲生日之後的第一個月，我帶著一隊人馬進入人跡罕至的森林，採伐那裡的原木。每天，我都是在天際的第一道曙光出現之前起床，然後辛勤工作到星星探出頭來為止。在一個月夜以繼日的辛勞努力之後，我獲得六美元作為報酬，當時在我看來，這真是一個大數目！每個美元在我的眼裡，就像今天晚上又大又圓、銀光四溢的月亮一樣。

在如此艱難的境況下，威爾遜下定決心，不讓任何一個發展自我、提升自我的機會溜走。在他二十一歲之前，他已經讀了一千本書！對於一個農場裡的孩子，這是多麼艱鉅的任務啊！

事實上，很多成功人士在自己前進的道路上，寫下辛勞、痛苦、危難。他們的經歷告訴我們，在人生的征途上，我們必須對苦難有一個正確的認識。

遇到逆境的時候，不要憂鬱和沮喪。無論發生什麼事情，無論你有多麼痛苦，不要沉溺於其中無法自拔，不要讓痛苦佔據你的心靈，必須擺脫困境，讓快樂永遠陪伴你。

困難來臨的時候，要有勇氣面對困難、打倒困難，以頑強的意志戰勝困難。一個目標明確的人，可以排除前進道路上的所有阻礙，勇敢地朝著自己的目標邁進，以堅定的意志、頑強的毅力，排除困難而獲得勝利。

物理學家普朗克在研究量子理論的時候，兩個女兒先後死於難產，妻子去世，兒子又不幸死於戰爭。普朗克不願意在怨悔中度過餘生，加倍努力工作以轉移自己內心巨大的悲痛。情緒的轉換不僅使他減少痛苦，還促使他發現基本量子，獲得諾貝爾物理學獎。

及時「轉換」困難，就可以戰勝困難。

學習松樹抖落積雪的智慧，幫自己減壓

有一年冬天，一對婚姻瀕臨破裂又不乏浪漫情調的加拿大夫婦準備做一次長途旅行，以期重新找回昔日的愛情。兩人約定：如果可以找回愛情，就繼續在一起生活，否則就分手。他們來到一個長滿雪松的山谷，卻下起了大雪，他們只好躲在帳篷裡，看著大雪漫天飛舞。

不經意間，他們發現，由於特殊的風向，山麓東坡的雪比西坡的雪下得大而密，過了一會兒，雪松上落了厚厚的一層雪。然而，雪落到一定程度的時候，雪松富有彈性的枝杈就會彎曲，使雪滑落下來。就這樣，反覆地積雪，反覆地彎曲，反覆地滑落。無論雪下得多大，雪松始終完好無損。其他的樹由於無法彎曲，很快就被壓斷了。

妻子似有所悟，對丈夫說：「山麓東坡也長過其他的樹，只是由於無法彎曲，被大雪摧毀了。」丈夫點頭。就在此時，兩人似乎恍然大悟，以前的所有恩怨成為過眼雲煙。丈夫興奮地說：「我們揭開一個謎——對於外界的壓力，要盡可能適應；無法適應的時候，要像雪松一樣彎曲。這樣一來，就不會被壓垮了。」

一對浪漫的夫婦，透過一次特殊的旅行，不僅揭開一個自然之謎，而且找到一個人生的真諦。

壓力是我們內心深處的一種情感體驗，一定的壓力會讓我們奮起，成為我們行動的動力，但是如果壓力過大，對我們的影響就會非常嚴重，用塞利教授的話來說就是：壓力的殺傷力，比我們周遭環境中產生的任何事物更強大。

想要在充滿壓力的環境下求得生存，並且保持輕鬆愉悅的心境，就要擁有松樹的智慧。隨著壓力的增加，不斷地幫自己減壓，最後逃離壓力的陰影。

不要埋怨壓力，重要的是：改變自己在充滿壓力的環境中的境況，這樣可以幫自己減壓。

不是因為跑得快，而是因為選對了路

有一個非常勤奮的年輕人，想要在各個方面比別人強，但是經過多年努力，仍然沒有長進，他很苦惱，就向智者請教。

智者叫來正在砍柴的三個徒弟，囑咐他們：「你們帶這個施主到五里山，砍一擔自己認為最滿意的柴禾。」年輕人和三個徒弟沿著門前湍急的江水，直奔五里山。

等到他們返回的時候，智者站在原地迎接他們。年輕人滿頭大汗、氣喘吁吁，扛著兩捆柴蹣跚而來；兩個徒弟一前一後，前面的徒弟用扁擔兩邊各擔四捆柴，後面的徒弟輕鬆地跟著。就在此時，從江面駛來一個木筏，載著小徒弟和八捆柴，停在智者的面前。

年輕人和兩個先到的徒弟，你看看我，我看看你，沉默不語，只有划木筏的小徒弟與智者坦然相對。智者見狀，問：「怎麼啦，你們對自己的表現不滿意？」「大師，讓我們再砍一次吧！」那個年輕人說，「我一開始就砍了六捆，走到半路扛不動，就扔掉兩捆；又走了一會兒，還是喘不過氣，又扔掉兩捆；最後，只把這兩捆扛回來。可是，大師，我已經很努力了。」

「我和他正好相反，」大徒弟說，「剛開始，我和師弟各砍兩捆，將四捆柴一前一後掛在扁擔上，跟著這個施主走。我和師弟輪流擔柴，不會覺得累，反而覺得很輕鬆。最後，又把施主丟棄的柴挑回來。」

划木筏的小徒弟說：「我個子矮，力氣小，不要說兩捆，就是一捆，這麼遠的路也挑不回來，所以我選擇走水路……」

智者用讚賞的目光看著徒弟們，微微頷首，然後走到年輕人面前，拍著他的肩膀，語重心長地說：「一個人要走自己的路，這沒有錯，關鍵是怎樣走；走自己的路，讓別人去說，也沒有錯，關鍵是走的路是否正確。年輕人，你要永遠記住：選擇比努力更重要。」

人生的悲劇不是無法實現自己的目標，而是不知道自己的目標是什麼。成功不是在於我們身在何處，而是在於我們朝著哪個方向走，是否可以堅持下去。沒有正確的目標，永遠無法到達成功的彼岸。

第23課

你得到的，都是你關注的

偉大的自然規律：吸引力法則

無論天晴下雨，太陽每天都在東升西落；無論花草樹木，種子的孕育都要經歷開花結果；無論膚色和地域，人類的成長都會有生、老、病、死……這些都是我們熟知的自然規律，先輩經過許多時間研究才總結出這些規律，讓後人學習和利用，以便自己的生活更自如。

但是，還有很多同樣恆定的法則，我們尚未瞭解，它們每天像萬有引力定律一樣，影響我們的生活，可是我們卻渾然不覺，吸引力法則就是其中之一。

在莎士比亞的作品中、貝多芬的音樂中、達文西的畫作中、蘇格拉底及柏拉圖的哲學思考中，都有吸引力法則的身影；在佛教、基督教、猶太教、印度教中，吸引力法則也以不同的文字和故事出現；甚至在有五千多年歷史的古老經文中，也有關於它的記載。

吸引力法則在人類還沒有意識到它以前就已經存在，在有記載的歷史裡以及遙遠的未來裡，它都會一直存在，並且發揮作用。

你的心裡最關注什麼，什麼就會來到你的生活中，這就是吸引力法則。

世界上有很多事情都是遵循這個法則，可能你會想：每個人都希望自己擁有健康和財富，但是為什麼真正實現的卻沒有幾個？

確實如此，很多人想要成為更好的自己，也在努力地行動，但是卻不斷失敗。難道，吸引力法則有時候也會失效嗎？事實並非如此。很多人沒有過著自己「希望」的美好生活，是因為他們不是專注於擁有這些事物，而是專注於沒有這些事物上。

有一個很有錢的商人，他精明能幹，生意越做越大，擁有世界上最大的商店，可是他無法讓自己的兒子快樂。看到兒子整天愁眉不展的樣子，他十分心疼，不惜重金尋找讓兒子快樂的方法。商人的奴僕建議他讓兒子去很遠的地方尋找一位全世界最有智慧的人，或許可以學到快樂的秘密。

商人同意了，他為兒子準備行囊以後，就讓這個被苦悶折磨的少年出發。少年穿越沙漠，跋山涉水四十天，終於來到一座蓋在山頂上的美麗城堡，那是智者住的地方。

和很多人猜想的一樣，這位少年也以為自己會見到一個超凡脫俗、仙風道骨的修道高人，可是他踏進城堡的大廳，發現裡面非常吵鬧，人們進進出出，還有人坐在角落裡聊天。智者正在和周圍的人閒談，似乎沒有時間理會這位少年。

少年想了一下，默默地站在角落裡耐心等待。兩個小時以後，智者終於走到他的面前。「我不快樂，而且覺得沒有事情值得我快樂。」少年低聲地說。

「哦，原來是這樣。可是我現在沒有時間為你解釋快樂的秘密，你先在我這裡閒逛一下，兩個小時以後，我們再談吧！」智者對少年說，「在這段時間裡，我要讓你做一件事情。」智者給少年一個湯勺，上面放了兩滴油。「你出去閒逛的時候，不要讓油流出來。」

「嗯。」少年答應了，他走出大廳，圍著城堡的周圍繞了一圈。雖然周圍的風景很好，但是少年的目光不敢離開那兩滴油。兩個小時以後，他回到大廳找到智者，把那個湯勺還給智者。

「很好，現在我問你，你出去閒逛的時候，有沒有看見餐廳上掛著的那幅壁畫？你有沒有認真地看我精心布置的花園？有沒有注意到圖書館裡，有一張漂亮的羊皮紙？」

「沒有，你要我注意湯勺裡的油，所以我什麼也沒有看到。」少年低沉地回答。

「你再回去欣賞這座城堡吧！」智者說，「你應該多瞭解這座城堡的布局，才可以更相信它的主人。」

聽到智者這麼說，少年放鬆心情，開始認真地探索這座城堡。他仔細看了天花板，欣賞壁畫，也看過花園。他發現，這裡是一個很好的地方。他再次回到智者的身邊，把自己看到的景象繪聲繪色地描述出來，話語中充滿羨慕和欽佩之情。

「很好，這就是你想要知道的快樂的秘密。」智者說，「把目光放在湯勺裡的油上，看不到周圍美好的事物；把目光放在周圍的景物上，就會發現很多美好的事物。快樂也是如此，關注一些可以讓自己高興的事情，就不會覺得難過，相反地，就會一直苦悶下去。」

少年平時感到不快樂，就是因為他把注意力放在像湯勺中的兩滴油一樣讓自己感到有負擔的事情上，按照吸引力法則來說，他關注的重點是「不快樂」，就會有越來越多的「不快樂」聚集在他的身邊。

很多人的不如意、不快樂、不幸運、不富有，都是因為他們的心中耿耿於懷的是那些不好的東西。

正如智者要傳達的那樣，你最關注的事情總是會在你的生活中出現。吸引力的法則，不會因為你是王子還是貧民、是智者還是凡人而改變。

他們從此過著幸福的生活

童話中，我們總會看到這樣的結局：王子和公主從此過著幸福的生活……我們可以給這個開放式的結局寫下幾部續集。續集中的內容，其實就是我們對幸福的定義。想像中的幸福生活，可以帶給我們愉悅的感覺。如果你是一個想像力很豐富的人，甚至可以身臨其境地感受到被幸福包圍的美好。你的情緒總是受到自己選擇的影響，這一點是無可置疑的。

有趣的是，以美好結局結尾的童話大王安徒生自己的經歷，可以證明這個秘密法則。

一八三五年，三十歲的安徒生第一本童話集問世，其中收錄《打火匣》、《小克勞斯和大克勞斯》、《豌豆公主》、《小伊達的花兒》四篇童話。在這些童話中，我們可以看到安徒生前三十年的人生經歷，他童話故事中的主角都有他童年時期的不幸與貧困的影子，但是他最後都會給他們相對來說最美好的結局，這樣的創作有些像是在為自己的人生彌補缺憾。

「我要為了下一代而創作」，這是安徒生寫給女友的信中的告白，其實他也是在為自己而創作。生活中的安徒生是一個比較內向的人，他嚮往的美好的愛情、完整的家庭，都透過他筆下的故事得以實現。可以說，安徒生是一個活在現實與童話之間的人物，他生命中大多數美好的經歷，都是在他的童話創作中得到體驗。

從三十歲開始，每一個聖誕節，安徒生都有一本新童話來到孩子們身邊，如此持續四十年，直到他生命結束。「醜小鴨」、「小錫兵」、「野天鵝」、「夜鶯」……他筆下的每個形象，都給他帶來巨大的滿足感。

《幸運的貝兒》是安徒生晚年的作品，其中頗具自傳色彩。貝兒一生追求至美的藝術境界，在觀眾們向他歡呼、心愛的女孩將花束向他拋來的成功時刻，貝兒「像索福克里斯在奧林匹亞競技的時候一樣，像托瓦爾森在劇院裡聽到交響樂的時候一樣……他心臟的一根動脈爆裂了。像閃電一般，他在這裡的日子結束了——在人間的歡樂中，在完成他對人間的任務以後，沒有任何痛苦地結束了。他比成千上萬的人還要幸運！」安徒生幾乎是體驗一次帶著榮譽和鮮花離開人世的滿足，這件事情後來也在他的身上發生——七十歲的時候，安徒生因為肝癌，病逝於朋友的鄉間別墅。

哲學家描述生命的時候，認為它與生俱來就有兩種特性，即神性和物性。生命的樂音發自兩者共同和諧地彈奏，生命的妙音發端於生命的自足中。如果可以做到和諧而自足，人生就會充滿樂趣。

有一位銀行家，五十一歲的時候，財富高達數百萬美元；五十二歲的時候，他失去所有的財富，而且背上一大堆債務。面臨巨大的打擊，他沒有頹廢也沒有失望，而是決定要東山再起。不久，他又累積巨額的財富。他還清最後三百個債務人的欠款以後，這位金融家實現他的承諾。有人問他的第二筆財富是怎樣累積起來的，他回答：

「這很簡單，因為我從來沒有改變從父母身上繼承下來的個性，就是積極樂觀。從我早期謀生開始，我就認為要以充滿希望的角度來看待萬事萬物，不要在陰影的籠罩下生活。我總是有理由讓自己相信，實際的情況比一般人設想和尖刻批評的情況更好。我相信，我們的社會到處都是財富，只要去工作，就可以發現財富、獲得財富。這就是我生活成功的秘密，記住：總是要看到事物陽光燦爛的一面。這個世界應該更光明、更美好，如果人們知道保持快樂是他們的責任，知道愉快地完成自己的職責也是他們的責任，這個世界就會更美妙。每天都快樂地生活，也是讓別人幸福的最好保證。」

快樂的秘訣，似乎藏在一種完美的平衡裡。不輕言放棄，又可以真正堅持，善於在細微之處學會感悟，不沉湎於過度的喜悅。世界上沒有絕對幸福的人，只有不願意快樂的心，順其自然地享受快樂，每個人都可以做到，因為這一切由你自己的想法來決定。

越是不願意發生的事情，越容易發生

感覺自己天生幸運的人總是很少，感覺自己天生倒楣、受到命運嘲弄的人卻總是大多數。真的有一種神意，讓我們總是會失去最在意的東西嗎？是什麼在捉弄我們，總是讓我們最不願意出現的情況出現在我們面前？這就是我們的感覺，一種害怕失去的感覺。根據秘密的法則，越是害怕失去的東西，越容易失去。

秘密的法則中，給我們一個重要的建議：在意一樣東西的時候，必須告訴自己，自己可以擁有它，可以實現它，而不是自己不能失去它。因為，根據我們的秘密法則，如果總是想著「不能失去」，最終的結果就會是失去。正面的想法和負面的想法之間，就是會有截然不同的效果。

英國退役軍官麥可·萊恩曾經是一個探險隊員。一九七六年，他跟隨英國探險隊成功登上世界最高峰——聖母峰。但是在下山的路上，卻遇上狂風大雪，每行一步都極其艱難，最讓他們害怕的是：風雪完全沒有停止的跡象。

食物已經不多了，如果停下來紮營休息，他們很有可能在沒有下山之前就會被凍死或是餓死；如果繼續前行，大多數路標已經被大雪覆蓋，他們可能會在暴風雪中迷路，而且每個隊員身上帶的氧氣設備和行李會壓得他們喘不過氣。情況越來越糟糕，他們即使不餓死，也會因為疲勞而倒下。在探險隊陷入迷茫的時候，麥可・萊恩率先丟棄所有的隨身裝備，只留下不多的食物輕裝前行。

他的這個舉動幾乎遭到所有隊員的反對，他們認為現在距離下山最快也要十天時間。這就表示這十天裡，不僅無法紮營休息，還有可能因為缺氧而使體溫下降而導致凍壞身體。那樣，他們的生命將是極其危險的。對於隊友的顧忌，麥可・萊恩堅定地告訴他們：「我們必須而且只能這樣做，這樣的天氣可能半個月也不會好轉，再拖延下去，路標就會被全部掩蓋。丟掉重物，就不允許我們再有任何幻想和雜念，只要我們堅定信心、徒手而行，就可以提高行走速度，也許我們還有生還的希望！」最終，隊員們採納他的意見，一路上相互鼓勵，忍受疲勞和寒冷，不分晝夜前行，結果只用了八天時間就到達安全地帶。惡劣的天氣，就像他預料的那樣從未好轉。

若干年以後，倫敦英國國家軍事博物館的工作人員找到麥可・萊恩，請求他贈送任何一件與英國探險隊當年登上聖母峰相關的物品，不料收到的卻是他因為凍壞而被截下的十個腳趾和五個右手指尖。當年的一次正確的放棄，挽救所有隊員的生命；也是由於這個選擇，他們的登山裝備沒有保存下來，凍壞的指尖和腳趾，卻在醫院截掉以後留在身邊——這是博物館收到的最奇特、最珍貴的贈品。

麥可・萊恩帶著隊員創造的生命奇蹟，以十個腳趾和五個右手指尖作為代價，然而這是值得的。他們相信自己可以走出困境，他們也做到了。他們心中想的是「我們可以走出困境」，與「我們不要死在暴風雪中」這樣的消極想法是完全不同的。

很多時候，葬送機會的不是別人，而是我們自己。**而且，讓自己錯失良機的是那些害怕失去的消極想法**。把自己的精力集中在「我不能失去」、「我不能孤獨」的時候，吸引的卻是「失去」、「孤獨」這一類的東西。置身在陽光中，你會越來越溫暖；但是在泥淖之中，只會越掙扎，陷得越深！

第24課

你對了，整個世界都對了

觀察你周圍的朋友，就可以知道自己是怎樣的人

在成年人的世界中，有一個不成文的規則：你周圍六個人的價值的平均程度，就是你的價值。這個規則說明的是：身邊的朋友對我們而言，就是衡量自身價值的一個重要指標——你周圍的朋友優秀，你應該也是優秀的；你周圍的朋友沒有理想和追求，你可能也會放縱自己。

選擇朋友的眼光，就是我們自己的人生標準。每個人都有自己的優點，如果身邊的每個人可以將自己的優勢用在我們的身上，我們的力量將是無窮的。可是，很多人沒有認識到這一點，他們緊緊地鎖住自己，以求可以全神貫注地奮鬥。可是他們不知道，只守著自己的那塊田地的時候，已經失去由人脈建構起來的更廣闊的沃土。

個人大多數的成就，總是受別人之賜、借別人之力的結果，保持周圍人的程度，就是保持自己的程度。

荀子說：「假輿馬者，非利足也，而致千里。假舟楫者，非能水也，而絕江河。」荀子有「君子性

非異也，善假於物也」的東方智慧，牛頓也有「踩在巨人肩膀上」的西方智慧。

亂世之中，劉備、關羽、張飛邂逅相遇，桃園結義，成就千古美談，也奠定蜀國的根基。後來三分天下，劉備為皇帝，關羽、張飛成為開國元勳。劉備、關羽、張飛結義之時，三人均是草民：劉備雖然是漢室皇親，卻落得流浪街市、販席為生；關羽殺人在逃，無處立身；張飛只是一個屠夫。

三人結義以後，彼此借勢，相得益彰。董卓之亂時期，呂布為梟雄，劉備、關羽、張飛大戰呂布，卻只打成平手，可見呂布何等英雄。但是呂布匹夫無助，枉自豪勇，最終為曹操所殺。劉備、關羽、張飛卻在三國中彼此相仗，日益得勢，最終立國建勳。

這是一個朋友之間相互借力而得勢的例子。除此之外，西漢的劉邦也是一個善借別人之力的人。

劉邦出身低微，學無所長，文不能著書立說，武不能揮刀舞槍，但是他生性豪爽，善用人才，膽識過人。早年窮困的時候，他身無分文，卻敢獨座上賓。押送囚徒的時候，竟然私違王法，縱囚逃散。

後來斬白蛇起義，雲集四方豪傑，各種背景的人都為他所用，例如：韓信、彭越、英布，這些威震天下的英雄，原本都是他的死敵項羽手下的人。他們在楚漢戰爭中勞苦功高，最終幫助劉邦建立西漢王朝。

劉邦可以成就自己的帝王之業，離不開周圍的兄弟。帝王將相尚且需要借別人之力，平民百姓更是離不開朋友。擁有高品質的朋友，就會得到高品質的幫助。

雖然我們知道三人行必有我師，但是可以與最優秀的三個人一起走路，不是更好嗎？

所有的問題只有一個根源——內心

如果你的生活總是充滿令人失望的事情，如果你每次的嘗試都以失敗告終，如果你周圍的人無法對你笑臉相迎，如果你付出的真心沒有得到理解和回應，這不是別人的問題，而是你自己的問題。因為我們相信，所有問題都可以在心中找到根源。

內心就是這樣重要，決定我們生活的品質和人生的高度。

很多人希望從名人的身上找到可以複製的成功，為此，比爾・蓋茲毫不吝嗇地提供自己的「人生公式」：財富＝正確的想法＋足夠的時間。

這樣的人生公式，讓每個希望得到成功指引的人覺得莫名其妙。人們可能會想：成功應該依靠機會、運氣、智慧，或是其他更神聖的因素，怎麼可能只依靠想法和時間就可以獲得成功？

美國石油大亨洛克菲勒用自己的觀點，給人們提供一個參考答案。他說：「即使把我現在所有的財產拿走，把我脫得精光丟在沙漠裡，只要給我足夠的時間和一支經過沙漠的商隊，我也會很快再次成為百萬富翁。」所以，真正可以指引我們生活的，不是現在的財富和經驗，而是我們面對生活的想法。

正如在西方人之中一直流行那句話：世界上最大的未開發資源，不是在南極洲或是非洲沙漠，而是在你的帽子下。只要有想法，而且有把想法付諸行動的意志，就可以走向成功：沒有機會，可以趁勢製造機會；沒有財富，可以尋找合作夥伴；沒有人脈，努力之後就可以建立自己的關係網……世界上所有的財富都是依靠想法作為牽引，沒有一種成功不是由想法塑造的。

在聞名世界的西敏寺地下室的墓碑林中，有一塊揚名世界的墓碑。墓碑上刻著這樣的話：

我年輕的時候，我的想像力從來沒有受到限制，我夢想改變這個世界。

我成熟以後，發現自己無法改變這個世界，我將目光縮短一些，決定只改變我的國家。

我進入暮年以後，發現無法改變我的國家，我的最後願望只是改變我的家庭，但是這也不可能。

我躺在床上，行將就木的時候，突然意識到：如果起初我只是改變自己，然後作為一個榜樣，我可能改變我的家庭；在家人的幫助和鼓勵下，我可能為國家做一些事情。

然後，誰知道呢？我甚至可能改變這個世界。

許多世界政要和名人看到這篇碑文的時候感慨不已。年輕的曼德拉看到這篇碑文的時候，頓然有醍醐灌頂之感，覺得從中找到改變南非甚至整個世界的鑰匙。回到南非以後，這個原本贊同以暴制暴來填平種族歧視鴻溝的黑人青年，改變自己的想法和處世風格，從改變自己、改變自己的家庭開始，歷經幾十年，終於改變自己的國家。

想要撬起世界，最佳支點不是整個地球，不是一個國家、一個民族，也不是別人，而是自己的想法。**愛因斯坦說：「人們解決世界的問題，依靠的是大腦和智慧。」**所以，撬起世界的支點，不會是外在的環境，不會是你擁有或是羨慕的財富，而是你的想法。

你的人生不是由外在環境決定的，而是佔據你的心靈習慣性的想法在決定你的人生。所以，記住馬可・奧里略說過的話：「一個人的一生，是由他的想法而造就的。」適當地改變自己的想法，成功就會在不遠處招手。

改變視角，世界就會不同

在工作和學習中，遇到困難但是經過努力以後仍然沒有進展的時候，就要進行思考：是否可以從其他方面來解決這個問題。換一個角度去思考問題，可以將我們帶領到一個柳暗花明的新境界。

有一對清貧的老夫婦，有一天，他們想要把家中唯一值錢的一匹馬拉到市場上，換一些更有用的東西。老先生牽著馬去趕集，他先跟別人換得一頭母牛，又用母牛去換一隻羊，再用羊換來一隻肥鵝，又把肥鵝換了母雞，最後用母雞換了別人一袋爛蘋果。

在每次交換中，他都想要給妻子一個驚喜。

他扛著袋子來到一家旅館歇息的時候，遇到兩個英國人。閒聊中，他談到自己趕集的經過，兩個英國人聽得哈哈大笑，說他回去一定會被妻子罵。

老先生堅稱絕對不會，英國人就用一袋金幣打賭，於是他們一起跟老先生回到家中。

老婆婆看見丈夫回來了，非常高興，興奮地聽著丈夫講述趕集的經過。聽到丈夫講到用一種東西換了另一種東西的時候，她都會充滿對丈夫的欽佩。

她的嘴裡不時地說著：「哦，我們有牛奶了！」

「羊奶也同樣好喝。」

「哦，鵝毛多麼漂亮啊！」

「哦，我們有雞蛋吃了！」

最後，聽到丈夫背回一袋已經開始腐爛的蘋果，她同樣不慍不惱，大聲說：「我們今天晚上就可以吃到蘋果餡餅！」

結果，英國人輸掉一袋金幣。

老婆婆總是可以從不划算的交換中看到划算之處，就算他們最後沒有得到金幣，也可以生活得很快樂，這就是變換思維的妙處。**改變自己的想法，不僅可以讓自己的心態回復平衡，還可以讓自己的人生更接近成功。**

如果有一天，你覺得自己走到最糟糕的環境中，給自己一個全新的角度，也許在你之前看來已經沒有路的地方，又會延伸出一條新的道路。

心學堂 24

世界上
最神奇的24堂課

作者	查爾斯・哈奈爾
譯者	靜濤
美術構成	騾賴耙工作室
封面設計	九角文化/設計
發行人	羅清維
企劃執行	張緯倫、林義傑
責任行政	陳淑貞
企劃出版	海鷹文化
出版登記	行政院新聞局局版北市業字第780號
發行部	台北市信義區林口街54-4號1樓
電話	02-2727-3008
傳真	02-2727-0603
E-mail	seadove.book@msa.hinet.net
總經銷	知遠文化事業有限公司
地址	新北市深坑區北深路三段155巷25號5樓
電話	02-2664-8800
傳真	02-2664-8801
香港總經銷	和平圖書有限公司
地址	香港柴灣嘉業街12號百樂門大廈17樓
電話	（852）2804-6687
傳真	（852）2804-6409
CVS總代理	美璟文化有限公司
電話	02-2723-9968
E-mail	net@uth.com.tw
出版日期	2023年07月01日　一版一刷
	2024年06月10日　一版十五刷
定價	360元
郵政劃撥	18989626　戶名：海鴿文化出版圖書有限公司

國家圖書館出版品預行編目（CIP）資料

世界上最神奇的24堂課 ／ 查爾斯・哈奈爾作 ； 靜濤編譯.
-- 一版. -- 臺北市 ： 海鴿文化，2023.06
面 ； 公分. --（心學堂；24）
ISBN 978-986-392-493-7（平裝）

1. 成功法 2. 思考

177.2　　112006794